基督教文化研究丛书

主编 何光沪 高师宁

八编 第 1 册

历史与逻辑：逻辑历史学引论 (修订本) (上)

查 常 平 著

花木兰文化事业有限公司

国家图书馆出版品预行编目资料

历史与逻辑：逻辑历史学引论（修订本）（上）／查常平 著
-- 初版 -- 新北市：花木兰文化事业有限公司，2022〔民
111 〕
目 14+180 面；19×26 公分
（基督教文化研究丛书 八编 第 1 册）
ISBN 978-986-518-690-6 （精装）
1.CST：宗教哲学 2.CST：逻辑
240.8   110022048

ISBN-978-986-518-690-6

9 789865 186906

基督教文化研究丛书
八编　第一册　　　　　　　ISBN：978-986-518-690-6

历史与逻辑：逻辑历史学引论（修订本）（上）

作　　者　查常平
主　　编　何光沪 高师宁
执行主编　张　欣
企　　划　北京师范大学基督教文艺研究中心
总 编 辑　杜洁祥
副总编辑　杨嘉乐
编辑主任　许郁翎
编　　辑　张雅淋、潘玟静、刘子瑄　美术编辑　陈逸婷
出　　版　花木兰文化事业有限公司
发 行 人　高小娟
联络地址　台湾 235 新北市中和区中安街七二号十三楼
　　　　　电话：02-2923-1455 ／传真：02-2923-1452
网　　址　http://www.huamulan.tw 信箱 service@huamulans.com
印　　刷　普罗文化出版广告事业
初　　版　2022 年 3 月
定　　价　八编 16 册（精装） 台币 45,000 元　　　版权所有 请勿翻印

历史与逻辑：逻辑历史学引论(修订本) (上)

查常平 著

作者简介

查常平,笔名西美正,1966 年生,重庆长寿人。博士,批评家、圣经学者,《人文艺术》主编,教授。1987 年在四川大学、1990 年在四川师范大学、2004 年在中国人民大学学习日语、美学、基督教,分别获得学士学位、硕士学位、博士学位。学术方向为艺术评论、圣经研究、世界图景逻辑,能够使用英语、日语、希腊语、希伯来语等多种语言进行学术研究工作。人生定向为以信仰为基业、以教师为职业、以学问为志业、以批评为事业、以翻译为副业;以原创性的世界图景逻辑学阐释人类世界的逻辑、奠立汉语人文学术发展的内在根基为学术理念。发表《感性文化批评范式》《什么是逻辑历史学》《橄榄山对话的历史逻辑及其救赎意识》等学术论文 200 多篇。出版专著《日本历史的逻辑》(1995,成都)、《历史与逻辑——作为逻辑历史学的宗教哲学》、《人文学的文化逻辑——形上、艺术、宗教、美学之比较》(2007,成都;修订本,2021,花木兰)、《新约的世界图景逻辑》(第一卷,引论,2011,上海)、《当代艺术的人文追思 (1997-2007)》(上下卷,2008,桂林)、《中国先锋艺术思想史》(第一、二卷,2017,上海)、《当代艺术的人文批评》(2019,南京)、《人文批评中的生态艺术》(2021,上海);译著《基督教与西方思想》(卷一,2005,北京;2017,上海)、《现代社会转型中的天皇制和基督教》(2007,北京)、《劳特利奇哲学史》(第三卷,中世纪哲学,合译,2009,北京)、《历史与信仰:个人的探寻》(2013,上海)。主持翻译《人类思想的主要观点——形成世界的观念》(上中下三卷,2004,北京);主持《都市文化研究》论丛中"艺术中的都市文化"栏目 (上海三联书店,2005 至今);主编《人文批评》丛书 (广西师范大学出版社,2008-2009)、《人文艺术》论丛 1-17 辑、《基督教文化经典》译丛 (上海三联书店,2006 至今);主持"本源·生命"(1997)、"自在:高地当代艺术生态群落展"(2013) 等艺术展。2009 年前往英国德伦大学、国王学院访学,2011 年在波士顿访学,2014 年在日本同志社大学访学。曾经任职于四川省文史研究馆 (1990-2001),现供职于四川大学道教与宗教文化研究所基督教研究中心,教授新约希腊文、圣经希伯来文、圣经神学、系统神学、基督教经典选读、基督教艺术与美学。

提　要

　　该书是逻辑历史学引论，详细探究了个别时间相与普遍时间的关系、各个别时间相的内在特性以及个别价值逻辑相与普遍价值的关系、各个别价值逻辑相的内在特性，并初步阐明了历史与逻辑的相关性。全书利用逻辑直观的方法从历史逻辑的高度，重审科学（物理学、生命学、生理学）、伦理（广义的社会学）、美学之学问形态和形上、艺术、宗教之精神样式的终极依据，对时间、历史、价值、逻辑这些关涉人类存在的根本范畴作出了个人性的追思。

　　逻辑历史学属于宗教哲学的延伸、扩展，它不仅追问宗教使命中人的原初信仰与终极信仰的关系，而且在终极信仰与终极差别的意义上讨论了物理的、生命的、生理的、心理的、社会的、历史的之类个别时间相与普遍时间、个别价值逻辑相与普遍价值的相关性与差别性，讨论了个别时间相、个别价值逻辑相之间彼此的相关性与差别性。正是基于这样的讨论，逻辑历史学明晰地展开了关于人的在、生长、生存、存在、共在、同在这些核心的存在论概念的含义，提出人是一个由物质自然体、自然生命体、肉体生命体、意识生命体、精神生命体、文化生命体构成的存在者。其中，在人作为意识生命体的存在中，人又是由主体生命、个体生命、我体生命的作用而形成的存在者。形上、艺术、宗教之类精神样式，不过是人生成自己的我体生命即日常语言所说的人的自我的一种直接途径；科学、伦理、美学之类学问形态，不过是人反思人物（由物质、植物、动物组成的自然）关系、人人关系、人我关系的结果。

　　此书共分时间历史论、价值逻辑论两篇，对汉语人文学术的推进，无疑具有开拓性的意义。该书阐明了人类生存的四大根本范畴——时间、历史、价值、逻辑——的含义，提出逻辑历史学作为人文科学之方法论成立的必要性及可能性。

本书献给——
那些需要真正知识的人
那些渴求深度思想的人
那些以写作看护人类良知的人

感谢毕聪聪、丁满校对书稿

"基督教文化研究丛书"总序

何光沪　高师宁

　　基督教产生两千年来，对西方文化以至世界文化产生了广泛深远的影响
——包括政治、社会、家庭在内的人生所有方面，包括文学、史学、哲学在内
的所有人文学科，包括人类学、社会学、经济学在内的所有社会科学，包括音
乐、美术、建筑在内的所有艺术门类……最宽广意义上的"文化"的一切领
域，概莫能外。

　　一般公认，从基督教成为国教或从加洛林文艺复兴开始，直到启蒙运动或
工业革命为止，欧洲的文化是彻头彻尾、彻里彻外地基督教化的，所以它被称
为"基督教文化"，正如中东、南亚和东亚的文化被分别称为"伊斯兰文
化"、"印度教文化"和"儒教文化"一样——当然，这些说法细究之下也有
问题，例如这些文化的兴衰期限、外来因素和内部多元性等等，或许需要重估。
但是，现代学者更应注意到的是，欧洲之外所有人类的生活方式，即文化，都
与基督教的传入和影响，发生了或多或少、或深或浅、或直接或间接，或片面
或全面的关系或联系，甚至因它而或急或缓、或大或小、或表面或深刻地发生
了转变或转型。

　　考虑到这些，现代学术的所谓"基督教文化"研究，就不会限于对"基督
教化的"或"基督教性质的"文化的研究，而还要研究全世界各时期各种文
化或文化形式与基督教的关系了。这当然是一个多姿多彩的、引人入胜的、万
花筒似的研究领域。而且，它也必然需要多种多样的角度和多学科的方法。

　　在中国，远自唐初景教传入，便有了文辞古奥的"大秦景教流行中国碑颂
并序"，以及值得研究的"敦煌景教文献"；元朝的"也里可温"问题，催生
了民国初期陈垣等人的史学杰作；明末清初的耶稣会士与儒生的交往对话，带

来了中西文化交流的丰硕成果；十九世纪初开始的新教传教和文化活动，更造成了中国社会、政治、文化、教育诸方面、全方位、至今不息的千古巨变……所有这些，为中国（和外国）学者进行上述意义的"基督教文化研究"提供了极其丰富、取之不竭的主题和材料。而这种研究，又必定会对中国在各方面的发展，提供重大的参考价值。

就中国大陆而言，这种研究自 1949 年基本中断，至 1980 年代开始复苏。也许因为积压愈久，爆发愈烈，封闭越久，兴致越高，所以到 1990 年代，以其学者在学术界所占比重之小，资源之匮乏、条件之艰难而言，这一研究的成长之快、成果之多、影响之大、领域之广，堪称奇迹。

然而，作为所谓条件艰难之一例，但却是关键的一例，即发表和出版不易的结果，大量的研究成果，经作者辛苦劳作完成之后，却被束之高阁，与读者不得相见。这是令作者抱恨终天、令读者扼腕叹息的事情，当然也是汉语学界以及中国和华语世界的巨大损失！再举一个意义不小的例子来说，由于出版限制而成果难见天日，一些博士研究生由于在答辩前无法满足学校要求出版的规定而毕业受阻，一些年轻教师由于同样原因而晋升无路，最后的结果是有关学术界因为这些新生力量的改行转业，后继乏人而蒙受损失！

因此，借着花木兰出版社甘为学术奉献的牺牲精神，我们现在推出这套采用多学科方法研究此一主题的"基督教文化研究丛书"，不但是要尽力把这个世界最大宗教对人类文化的巨大影响以及二者关联的方方面面呈现给读者，把中国学者在这些方面研究成果的参考价值贡献给读者，更是要尽力把世纪之交几十年中淹没无闻的学者著作，尤其是年轻世代的学者著作对汉语学术此一领域的贡献展现出来，让世人从这些被发掘出来的矿石之中，得以欣赏它们放射的多彩光辉！

2015 年 2 月 25 日
于香港道风山

目

次

引言——历史逻辑研究的定位

第一章　作为一种宗教哲学的理解

　　"宗教是以关于超验者的概念为基础、对生活的终极意义和相应地该如何生活的一种解释。"[1]通常包括四个 C——教义（Creed）、教规（Code）、膜拜仪式（Cult）、社团结构（Community）。这里的"超验者"，翻译为"超越者"更为恰当。换言之，宗教首先要探究个人与超越者的关系（教义、膜拜仪式），其次是以此为基础的人人关系（教规、社团结构）。宗教哲学的核心问题即人和超越者的关系，而人人关系属于宗教伦理学的范畴。而且，宗教哲学是从人出发来系统思考人和超越者（或曰终极实在）的关系。即使是对来自超越者的启示的承受的思考，但它不能离开宗教这种精神样式的出发点，不能离开人本身。在基督教神学背景下，"所有的宗教哲学，从根本上讲都无非是试图说出人等待与上帝相遇、人发现他的上帝的可能地点"。"宗教哲学对我们而言理应是对上帝启示之可能性的论证。"[2]这种"上帝启示之可能性的论证"，何光沪先生基于更具有普遍性的象征体系与人类性的思想因素，用存在的"使在""内在""超在"的规定性来加以展开。"存在"就是"使在"，就是"使世界存在"；"存在"使自身在世界中的存在即"内在"，"存在"内在于一切存在物；"存在"使自身超越于世界之存在即"超在"，"存在"超越于

1　斯威德勒：《全球对话的时代》，刘利华译，北京：中国社会科学出版社，2006 年，第 31 页。

2　K.拉纳：《圣言的倾听者》，朱雁冰译，北京：生活·读书·新知三联书店，1994 年，第 125、55 页。

一切存在物。他同时称之为"全球宗教哲学的本体论"。[3]在人与语言的关系意义上，这种本体论所陈述的"看似'空无非'而实则'实有是'的世界本源，一方面，可以被描述为既内在又超在的'使在'行动；另一方面，不论作什么描述，不论作多少描述，它都是一个无法描述的神秘"。[4]换言之，世界的本源大于世界中之人的言说，存在大于存在物。这就是为什么在宗教哲学之外还产生了神学的原因。相反，神学区别于宗教哲学，它是人对超越者与人的关系的思考，是一种基于神人关系的人神关系的思考。由于超越者始终和超越者本身即上帝的自我启示相关，因此神学首先需要聆听来自上帝的启示。真正的神学家，在思考中需要从人神关系颠倒为神人关系。神学需要回答超越者如何把自己启示出来、祂是谁、超越者如何持守自己的超越性、超越者怎样同人相遇、怎样同人所在的语言、时间、自然、社会、历史这些世界因子相遇，同人相遇后人的形象是什么、这样的人如何展开自己的社会生活等问题。在神学追问上，基督教呈现出典型的回应上述问题的特征。所以，神学在基督教里尤其得到最为充分的展开。

宗教哲学首先要论证超越者的存在，然后从这种论证着手思考人如何面对这位超越者的存在。人在遭遇这位超越者后有可能生成为什么样的存在者，即在终极的意义上，人的理想形象是什么，这属于宗教哲学必须回答的问题。正是从这个问题的思考开始，历史逻辑研究展开了对人的言说。

宗教哲学是"关于宗教的哲理性思考"，"它研究的是神学的概念和命题，神学家们的论证，以及神学归根结蒂所依靠的、神学由之产生的那些先在的宗教的经验现象和崇拜行为"。[5]在这个意义上，逻辑历史学本身还不是宗教哲学，尽管它对宗教这种精神样式也做出了哲学性的思考。[6]逻辑历史学属于

3　何光沪：《百川归海：走向全球宗教哲学》，北京：中国社会科学出版社，2008年，第85-133页。

4　何光沪：《百川归海：走向全球宗教哲学》，第133页。

5　约翰·希克：《宗教哲学》，何光沪译，北京：生活·读书·新知三联书店，1988年，第6、7页。何光沪先生提出的"全球宗教哲学"，是汉语学界在宗教的哲学性思考方面非常具有开拓性价值的尝试。"所谓全球宗教哲学，是以作为整体的人类之不同社会、历史和文化中的不同宗教内的共同因素为资源，以说明人类生活之整体性、精神性和全球化的根据为宗旨，采用理性的方法又吸收超理性的宗教要素的哲学。"参见何光沪：《百川归海：走向全球宗教哲学》，北京：中国社会科学出版社，2008年，第9页。

6　参见查常平：《人文学的文化逻辑—形上、艺术、宗教、美学之比较》，成都：巴蜀书社，2007年。

宗教哲学的延伸、扩展，它不仅追问宗教使命中人的原初信仰与终极信仰的关系，而且在终极信仰与终极差别的意义上讨论了物理的、生命的、生理的、心理的、社会的、历史的之类个别时间相与普遍时间、个别价值逻辑相与普遍价值的相关性与差别性，讨论了个别时间相、个别价值逻辑相之间彼此的相关性与差别性。正是基于这样的讨论，逻辑历史学明晰地展开了关于人的在、生长、生存、存在、共在、同在这些核心的存在论概念的含义，提出人是一个由物质自然体、自然生命体、肉体生命体、意识生命体、精神生命体、文化生命体构成的存在者。[7]其中，在人作为意识生命体的存在中，人又是由主体生命、个体生命、我体生命的作用而形成的存在者。形上、艺术、宗教之类精神样式，不过是人生成自己的我体生命即日常语言所说的人的自我的一种直接途径；科学、伦理、美学之类学问形态，不过是人反思人物（由物质、植物、动物组成的自然）关系、人人关系、人我关系的结果。

作为哲学的一种个别形式，宗教哲学离不开哲学的系统的逻辑方法，包括分析、推理等。它是"一门对于宗教现象及问题进行哲学思考的学问"。[8]宗教是对于经验世界的幻象的或扭曲的反应，科学是对于经验世界的实证的真实的反应，哲学是一种经验世界与逻辑上的可能性世界形成的宇宙观；宗教注重体验或"幻想上"的"信"，哲学注重理性之"思"。[9]这种基于所谓的唯物论哲学的宗教幻觉观，其实是不信者强加于信徒的观念。因为，"没有哪个信徒承认宗教仅仅是这样一种幻想，同样也不会承认说，它仅仅是阶级意识形态，或者仅仅是关于用来更坚定一致地服从社会秩序的那种超自然东西的信仰体系。事实上，不是任何的宗教，而是那种精致的宗教，才使有高度自觉性的信徒去寻找生活的信念。这样的信徒从宗教中寻求一种世界观，通过使自己与一个无与伦比的大存（Being）的契合而在道德方面获得对自己的支

---

7 在世界图景逻辑理论中，人当然还是一个语言生命体、时间生命体与灵性生命体。参见查常平：《当代艺术的人文批评》，南京：江苏凤凰美术出版社，2019年，第32-49页；同时，这里的"物质自然体、自然生命体、肉体生命体、意识生命体"，分别对应于生物学之父卡尔·林奈（Carl Linnaeus, 1707-1778）按照有固定形体即为物的如下分类：有形体而无生命的即"矿物"，有生命而无感性(feeling)的即"植物"，有感性而无理性的即"动物"，有感性、理性、灵性(soul)的即"人物"。张文亮：《因为有爱，才有这个科系》，北京：华文出版社，2015年，第131页。

8 单纯：《宗教哲学》，北京：中国社会科学出版社，2003年，第23页。这个定义，显然受到上述约翰·希克关于宗教哲学的定义的影响。

9 单纯：《宗教哲学》，第18页。

持。他认为这种契合就是他自己本质的或真正的自我的发现"。[10]其实，宗教、形上、艺术之精神样式，都是人的本真自我的敞现。

同样，逻辑历史学特别强调历史逻辑研究本身的内在逻辑性。在方法论的意义上，逻辑历史学和宗教哲学有一定的共性。它竭力发现每个概念、观念在使用时的特定语境、特定语词范畴。它在这样的特定语境中展开它们可能的准确含义。之所以说是可能的，因为逻辑历史学只是一种关于历史逻辑的理解而不应当是唯一的理解或真理宣告；它期待任何出自理性的对这种关于时间、历史、价值、逻辑的严肃研究的批判与质疑；它并不认为自己把握到的就是终极真理。因此，它反对一切宣称自己就是终极真理的学问言说，它支持一切关于终极真理的批判言说。

第二章　作为时间神学与价值神学的序论

莫尔特曼在"新天新地：宇宙的终末论"中探讨时间神学。[11]在言说时间中的永恒与时间中的现在的关系的时候，他写道："时间中的永恒不过是现在的另外一面，因为精神层面的当下总是凭借回忆和期盼来表达过去和将来的相对共时性。如果这适用于每一个精神层面的当下，那么这也适用于过去的当下和将来的当下。当下总是使过去和将来得以活现眼前。只要永恒是过去和将来的共时性，那么当下也就一定会使时间中的永恒得以活现眼前。'只要还是今天'，永恒就能进入时间。这不是'完全另一位'上帝的绝对永恒，可是这可能是这个看不见的天上世界的'恒久性永恒'（aionische Ewigkeit），它是和地上看得见的世界的时间相联系的。"[12]换言之，时间中的永恒与时间中的现在处于共时性的关系之中，一种垂直的关系中。于是，时间中的永恒与当下、瞬间的关系，时间中的过去、现在、将来三者之间的关系，都属于时间神学必须回答的问题域。

所谓时间神学，就是从终极信仰与终极差别的角度来探索时间的起源及其存在样态的神学。我们在时间历史论中，首先从古典思想家关于时间的反思开始，对观念世界中的过去时间观、未来时间观的"伪真性"展开言说，进

10　张宪：《启示的理性——欧洲哲学与基督宗教思想》，成都：巴蜀书社，2006年，第383页。

11　参见莫尔特曼：《来临中的上帝》，曾念粤译，上海：上海三联书店，2006年，第262-278页。

12　莫尔特曼：《来临中的上帝》，曾念粤译，第273页。

而转入现在时间观的本真性呈现[13]。理解时间中的现在，是理解时间的关键。就现在的承受性而言，现在具有对普遍时间的在上的承纳；就终极信仰的承诺而言，现在具有在承受后向过去与现在而去或绵延渗透的在下性，从而形成个别的物理的、生命的、生理的、心理的、社会的、历史的时间相。我们主要从个别时间相与普遍时间的关系、定义、有限性、客观性、意义几个方面展开逻辑直观。时间神学中所涉及的终极信仰与终极差别的角度，在时间历史论中具体对象化为对时间本身的终极起源以及个别时间相的呈现方式之审视。不过，这种审视，仅仅属于时间神学的序论。因为，真正的时间神学，还包括人的终极信仰如何与个别时间相发生关系、人与上帝的终极差别怎样在个别时间相中得到持守之类问题域的展开。

英文中的价值 value 一词，源于拉丁文的 *valere*，意思为"值得的"、"有力量的"。现代哲学把事实与价值、实然与应然相区别。价值一词从经济学的领域继续拓展到其他人文学科领域。"一般而言，价值意味着那使一件东西成为值得欲求的、有用的或成为兴趣的目标的性质。价值也被看作是主体的主观欣赏或是主体投射入客体的东西。在这个意义上，'价值'等同于'被判定为有价值'。"[14]这种判定的结果，就是所谓人关于事物的差别性或事物的秩序的言说，即人言；相反，逻辑是上帝关于世界的差别性言说，即神言。人言与神言在终极信仰与终极差别中相遇，形成了一种应然的价值逻辑。

不过，我们并没有在价值逻辑论中直接这样展开价值逻辑论的言说，而是从探讨价值的一般涵义入手，批判逻辑世界中以事实价值观与肉体价值观为内容的伪真价值观，分析它们本身作为价值起源的依据的伪真性，然后转入逻辑世界中的本真价值观即差别价值观。价值承诺的终极差别性，使其同终极差别联系起来。在此意义上，历史逻辑研究中的价值逻辑论，和时间历史论之于时间神学的关系相比，更富有价值神学的特征。

价值神学，是从终极信仰与终极差别的角度来探索价值的起源及其存在

---

13 "假话就是假话／怎么会变成真的呢／但他说假话这件事却是真的／也就是说一切都是真的／一切里面都躲藏着真／真这个字是真的／假这个字也是真的／没错一切都是真的／没错一切都可以有假／真假难分更是真的／真的连假的也是真的／你真的连真假也不分了"（参见诗歌《真的》，树才：《春天没有方向》，南京：译林出版社，2018 年，第 110-111 页）。前面三句就是对"伪真性"的描述，后面几句是对"本真性"及其和"伪真性"的关系的描述。

14尼古拉斯·布宁·余纪元编著：《西方哲学英汉对照辞典》，北京：人民出版社，2001 年，第 1050 页。

样态的神学。在我们第二编的论说中，终极差别通过普遍价值的在下承诺得到持守，由此形成物理的、生命的、生理的、心理的、社会的、历史的之类个别价值逻辑相。这些个别价值逻辑相与普遍价值的关系、其定义、客观性、意义、分别对应发展出的学问形态（如物理学、生命学、生理学、心理学、社会学、历史学），构成我们言述的具体所指。但是，终极信仰与终极差别如何通过人同个别价值逻辑相发生直接的关联，乃是属于价值神学的内在组成部分。所以，我们只能把目前的研究看成是价值神学的序论。

第三章　作为逻辑历史学的所指对象

在方法和研究对象上，笔者所展开的历史逻辑研究都超越了任何传统学科。它使用逻辑直观的方法。这种方法仿佛更接近现象学的还原论，但是，其原点则是终极差别与终极信仰。它的最终目标是重新理解世界历史为什么会这样发生，即探讨历史表象背后的历史逻辑原则，所以又区别于传统的事实历史学或历史文献学。不过，正因为如此，我们还是可以把这种导论性的历史逻辑研究称为**逻辑历史学**。

历史表象都是在特定的历史时间中发生的历史事件；这种事件在一个特定的历史时间内被人们言说形成所谓的历史言说，然后经过人在特定的历史时间里记录形成所谓的历史事实。因此，历史表象，是由历史事实、历史言说与历史事件相互融合而形成的历史现象。其复杂性，源于历史现象本身在本源论上与存在论上的复杂性，源于人们所见的历史事实的复杂性。因为，这种历史事实，既可能是历史学家按照自己的历史信仰有意识地选择书写的结果，也可能是普通人在潜在的历史信仰引导下因着和历史事件的关联进行的书写。从前的历史学家，乃至历史哲学家，大多忘记了对这种历史学书写的对象——历史表象即历史事件、历史言说、历史事实背后所依据的历史时间与历史主体、历史书写者的历史信仰——的反省。[15]正是从对历史时间、历史信仰的思考，逻辑历史学发现了自己的问题起点。基于历史时间与历史表象的关联，有逻辑历史学的时间历史论；基于历史信仰与价值逻辑的关联，[16]有逻辑历史学的价值逻辑论。

---

15 参见查常平的《历史研究中的信仰问题——以科林·布朗的〈历史与信仰：个人的探询〉为理论个案》，《宗教学研究》2010 年第 2 期，成都：四川大学道教与宗教文化研究所，第 145-149 页。

16 至于"历史信仰与价值逻辑的关联"，笔者将另外撰文作具体讨论。

逻辑历史学首先追问：究竟是什么因素构成了历史表象的形成？在阐明历史表象的历史性之前，我们必须探究时间的时间性，探究瞬间与永恒之间的关系。因为，历史表象在时间中展开，时间由过去、现在、未来构成。人类在历史中关于这三元的根源性的不同设定，导致了相异的时间观。根据时间根源性的真伪，时间观可分为伪真时间观和本真时间观。

作为伪真时间观，过去时间观和未来时间观，由于在时间中抽取了现在的根源性，其结果导致历史走向虚无主义。过去时间观从人的物化开始，以人的虚无化为终结。未来时间观从上帝的人化开始，以上帝的虚无化为终结。人与上帝的虚无化，对人而言是因为人在现在遗忘了现在之上的永恒的终极信仰而沦为转瞬即逝的浮云，对上帝而言是因为现在之上的终极信仰降格在与事实性的人同等的地平线上、成为受造物中的一员。这样，过去、未来对时间乃是非本源性的。过去时间观的设定者，毕竟是在现在之中设定过去的本源性。他在现在中设定着过去；未来时间观的期待者，也是在现在之中期待未来的本源性。他在现在中期待着未来。正是这个现在之中的现在，内含时间的本源性和历史的历史性。人的本源性存在处境，意味着人在现在中、在现在之上的终极信仰呈现的时光中、在现在之下的历史中承受终极信仰，上帝始终在现在中并通过现在承诺终极信仰。终极信仰的现在性，构成历史本源的现在性。现在即终极信仰呈现之在，历史在现在中在承受终极信仰呈现之在中，是终极信仰的自我展开。人在现在中，乃是在终极信仰呈现之在中；另一方面，他又是终极信仰展开在人中的历史。人是终极信仰的历史化存在者。

因此，过去是终极信仰展开之在，未来是终极信仰开启之在，现在是终极信仰呈现之在。终极信仰永远在现在之上，现在永远是过去、未来的本源性的承诺者，终极信仰永远在现在之中同时向过去、未来绵延渗透自己的终极性。这就是历史世界中的本真时间观的内容。

现在的在下性，还把个别时间相与历史关联为一体。现在在逻辑历史学的时间历史论中，成为历史与时间、时间与终极信仰的中介。现在的在上性，构成时间与终极信仰的中介；现在的在下性，构成时间与历史的中介。现在带着终极信仰的承诺内容，在下绵延渗透在历史中。然后，如何背靠终极信仰分析个别时间相之间的差别性与同一性，构成逻辑历史学的时间历史论的使命。我们从个别时间相与普遍时间的关系和个别时间相内部的分身凸现、前景开出与后景置入几方面陈述个别时间相的展开条件。关于个别时间相本身，主要从其内涵、有限性、主客观性以及意义四方面言说。在具体展开个别时间相的时候，我们讨论了物理时间的体向性，内含生命时间的纵向性、生理时间的横向性、心理时间的内向性。它们反过来又规定着不同的时间主体的在场方式，即在是物理时间的体向绵延，生长是生命时间的纵向绵延，生存是生理时间的横向绵延，存在是心理时间的内向绵延。这便是逻辑历史学的时间历史论关于物质界、生命界、动物界、人物界中之对象的差别性的回答。

个别时间相的客观性，在逻辑历史学的时间历史论中，指它们与普遍时间之间存在着的承受者与承诺者的关系，和个别时间相之间的分身关系。据此给出的时间定义，可以描述为在物理时间中，时间绵延以体向的维度展开；在生命时间中，时间以纵向绵延为前景，以横向的、内向的绵延为后景；在生理时间中，时间以横向绵延为前景，以纵向的、内向的绵延为后景。生命时间从物理时间内分身，以纵向绵延为前景，生理时间从生命时间中分身，以横向绵延为前景，心理时间从生理时间中分身，以内向绵延为前景。所谓社会时间，无非是在承受着无数内向绵延的心理时间之积。社会时间是精神生命以共在的方式在他人中生成的时间相。历史时间的绵延向度是向祂性的（这个"祂"即基督教中作为本真的终极信仰的三一上帝）[17]，是文化生命以同在的方式在人类中生成的时间相。

如果再对六种时间相做出区别，物理时间、生命时间、生理时间为现成性的时间相，心理时间、社会时间、历史时间为生成性的时间相。现成性时间相的绵延向度，由心理时间给与而不是自己生成自身；生成性的时间相，因其生成性而自己被自己规定。心理时间属于意识者个人，社会时间属于共

17　2007 年版中，"向祂性的"被修改为"指向终极信仰的"或"向终极性"（查常平：《历史与逻辑——作为逻辑历史学的宗教哲学》，成都：巴蜀书社，2007 年，"前言"第 8 页）。这样修改的问题，在于不同的宗教承诺了不同的"终极信仰"或不同的"终极性"，但不是所有的宗教都能够为所有人给出本真的"终极信仰"或本真的"终极性"存在根据，尽管它们可以给与自己的信仰者所谓的"终极信仰"或"终极性"的存在根据。这次修订为"向祂性"，因为历史只是指向神圣的，而非直接与三一上帝对接。"向祂性"应当是神圣时间的规定性。至于何为"神圣时间""神圣时间的向度问题"，笔者将另外撰文阐释。这次修订过程中，笔者一度考虑把"历史时间的向祂性"修改为"历史时间的向上性"。对于两者的关系，有待进一步深入讨论。

在者全体，历史时间以同在者全体为对象。物理时间的源始性，是时间历史序列的开出起点；主观化的生命时间，以纵向绵延时间的方式给历史世界带来郁郁生机；生理时间的横向绵延，为一切动物的主动活动性给出根据；心理时间在内向绵延中，生成意识生命并对现成性的时间相加以意识。这就是人们通常所说的时间意识；社会时间把内向性的意识生命开放给他人；历史时间为一切生成性的时间相及个别时间相生成最长时段。这样，历史即由个别时间相与普遍时间之间的差别性与相关性生成的世界。

于是，对个别时间相的差别性的研究，必须转入对差别性本身的研究，即从时间历史论转向价值逻辑论的研究。在关于历史的探究中，逻辑历史学把重点放在时间上；同样，在关于逻辑的言说中，价值逻辑将成为我们的中心论题。

价值是人关于世界的差别性规定，逻辑是上帝关于世界的差别性规定。价值逻辑论，将展开个别价值逻辑相与普遍价值及个别价值逻辑相之间的关系，并把此种展开活动植于普遍价值的根源性探索上，植根于普遍价值和终极差别的相关性上。逻辑内在的理性规定性，使之具有终极差别指向力。这种终极差别指向力，临在于世界，通过承诺人的差别性存在使人成为主体性的、个体性的、我体性的生命，进而让人对世界展开差别性的言说。它就是人在动词意义上的言和在名词意义上的言。作为逻辑的言是上帝关于世界的差别性启示，作为价值的言是人关于世界的差别性言说。

价值论，是关于价值的本源、价值的根据、价值的展开方式的理论。在关于价值论的思想史上，由于没有把价值论的探究植根于逻辑论，没有追溯价值的终极根据，出现了以事实、肉体（人的存在所背靠的事实）为价值本源的理论。前者称作事实价值观，后者为肉体价值观。

事实价值观表达的，是一种关于世界的事实性言说信仰，而且是一种没有终极根据的信仰。任何事实性在者本身，并不能赋予它们自身以终极的存在根据。肉体价值观，把人生的价值限定在肉体生命的生存延续上，取消了人作为人和动物的差别。它们对人的价值起源的非根源性，使我们转入对差别价值观的言说。

在生成对象的价值中，人的差别性存必须同时参与其中，并且，在此过程中生成人的差别性。价值作为人关于对象的差别性规定，其根据由终极差别给与。言说差别的同一性、终极性，最终都必须回到言说价值的差别性上来。由于差别是价值的内在规定，因此，差别的逻辑性即为价值的逻辑性。这种逻辑性，展开在价值逻辑论关于个别价值逻辑相与普遍价值的相关性中。另一方面，逻辑是上帝之言，是上帝关于人和世界的差别性之言；价值是人之言，是人关于自身和其栖居的世界的差别性之言。两者通过终极信仰统一为价值逻辑。

在价值逻辑序列上，我们将各种个别价值逻辑相依照承受者在场的必然性，划分为物理价值逻辑、生命价值逻辑、生理价值逻辑、心理价值逻辑、社会价值逻辑和历史价值逻辑。探究普遍价值如何在下承诺各种个别价值逻辑相及它们的个别性，构成价值逻辑论的使命。

关于个别价值逻辑相，我们主要从它的根源、主体、有限性、客观性或主观性、意义以及相应的学问形态加以展开。按照价值逻辑论，从物理价值逻辑到生理价值逻辑属于现成性价值逻辑序列，从心理价值逻辑到历史价值逻辑为生成性价值逻辑序列。每种个别价值逻辑相，都有相应的学问形态研究它们。每种学问形态，对应着一种个别的现象界：物理学与物理现象、生命学与生命现象、生理学与生理现象、心理学与意识现象、社会学与精神现象、历史学与文化现象等。

物理价值逻辑相，仅仅是一种源始性的、普遍价值的承受者。物理价值逻辑所指明的物质自然的受造性和被意识性，决定了物质自然的在的方式——被动承受普遍价值的在下承诺和被动接受人的意识的生成。所以，物理价值逻辑，是一种典型的现成性价值逻辑相。

生命价值逻辑承受普遍价值的在下承诺，且将这种承诺的内容根植于物理价值逻辑。作为个别价值逻辑相，生命价值逻辑与物理价值逻辑之间没有根本的差别；作为两种个别的价值逻辑相，它们却显示出质的差异。生命价值逻辑的在场者是自然生命体，其在场方式为生长，其场所为物质自然界。因此，它可以理解为自然生命体生长在物质自然界中所呈现的个别价值逻辑相。

根源于生命价值逻辑的生理化和普遍价值的生理化，生理价值逻辑出现在价值逻辑序列中。它的在场者为肉体生命体，其在场方式为生存，其场所为自然生命界。它是肉体生命体生存在自然生命界中所呈现的个别价值逻辑相。其主体的生存延续本能，只是在献身于心理价值逻辑主体——意识生命体——的成长中才获得意义。人的肉体生命，因着与其意识生命的结合才获得了独特的价值。

在价值逻辑序列上，物理的、生命的、生理的价值逻辑相，具有现成性的特征。价值逻辑相的生成性，实质是以个人的意识生命体为内涵、以精神生命体、文化生命体为外延的存在性。而物的在性对应于人的自然性，植物的生长性对应于人的本能性，动物的生存性对应于人的动物性，这三种特性在心理价值逻辑主体中对象化为人的身体性。换言之，人的身体性，同时受到人的自然性、人的本能性、人的动物性的规定。

另一方面，意识生命体的主要职责，正在于对人自身的意识。这种内向性意识，在人的心理中形成其不可动摇、不可替代的、唯一的我体人格。从意识内容看，我体人格包括潜我意识、自我意识、超我意识；从意识结果看，我体人格内含人的潜我、自我以及超我。我体的绝对性，在终极意义上由普遍自我在下承诺。正是在心理价值逻辑这里，我们为价值逻辑论的几个核心概念给出了定义：存在者与存在的差别即终极差别，存在者对存在本身存在的信仰即终极信仰，普遍价值是人对上帝的差别性的承受，普遍逻辑为上帝对人的差别性的承诺。在应然的意义上，普遍价值等于普遍逻辑。

社会价值逻辑，是精神生命相互共在的逻辑。社会是存在者的意识生命体在意识中相遇的场所，历史是存在者的精神生命体在精神中相遇的场所。社会根植于个体生命在意识中与在意识外的相遇，历史即人类生命——同在者全体——的合唱。个体生命介入人类生命的精神合唱，他就进入历史。此外，价值逻辑论在个别现成价值逻辑相的展开中讨论人与自然的关系，在心理价值逻辑相中侧重于人与自我的关系，在社会价值逻辑相中把人与社会的关系当作论题加以言说。这种言说的结果，就是文化。于是，我们进入历史价值逻辑的讨论。

作为文化生命同在的逻辑，我们从文化的动力学、文化的结构论来理解文化。文化动力学主要探究心理文化生命体的形成方式。价值逻辑论从自然的人化、社会的人生化、自我的人格化展开这种方式。它们分别对应于人的客体化存在本源中的生命理智、生命情感和生命意志。这里，我们使用人的生命理智、生命情感和生命意志而不沿用传统的理智、情感、意志概念，因为，人的理智、情感、意志，植根于人的本源性的生命中，并且和它有机地结合在一起。

价值逻辑论所理解的历史，即一切出现在从创世到终末的文化生命体全体的同在历程。综合历史价值逻辑论关于历史学的观念，可以将之概括为：

历史学是关于历史表象的逻辑图式，它起源于人的同在需要，它探究历史表象中个人与祂的关系，其人文性构成心理学的、社会学的人文性的根源。人的历史价值，在于他能够对历史表象做出差别性的规定。因此，历史学是研究历史表象中人神关系的学问形态，它不像神学那样直接以神人关系的启示为基础考察人神关系。人在历史中通过其存在的历史性和文化生命体的延续，承受超越于历史的神言。探讨这种神言如何在历史表象中发生作用，如何生成为历史的逻辑，致使历史得以发展，这乃是历史学的任务。

历史逻辑即显明于历史中神言的差别性，价值逻辑即历史中人言的差别性。历史逻辑，便是同在者全体所信仰的那一位之言在历史表象中和人言相遇生成的价值体系。概言之，历史逻辑，正是源于历史的人言和源于逻辑的神言在历史表象中相遇生成的规则。在这种价值体系中，个别历史事实的绝对差别性和绝对相关性，构成逻辑历史学所关注的对象。到此为止的时间历史论和价值逻辑论，仅仅是在为逻辑历史学的诞生提供准备性的工作，我们称之为逻辑历史学引论。

价值逻辑论，作为终极差别临在的结果，最终以历史与逻辑的相关性生成的世界为目的地。其中，使世界成为有序化的世界本身，乃是价值逻辑论转向历史逻辑论——关于历史与逻辑的相关性理论——的原因。至于两者如何相关生成世界、语言在其中发挥什么样的作用，这有待另一部关于《语言与世界》的专著的写作[18]。

---

18 1997年，笔者把历史逻辑看成了作为其他全部价值逻辑的归宿，而没有意识到它只是形成世界的一部分，其原因在于历史和自然一样具有特别的容纳性，在于没有完整地意识到语言、时间、自我、自然、社会、历史、神圣这些世界因子的存在才形成了所谓的世界。虽然语言在世界因子中具有一种原初性的功能，但是，它仅仅是其中的一个。受到20世纪哲学中语言学转向的影响，因而当时有在完成《历史与逻辑》的写作后继续撰写《语言与世界》的想法。其实，时间与世界、自我与世界、自然与世界、社会与世界、历史与世界、神圣与世界，何尝不是人宏观追思的论题。所以，笔者于10年后提出"世界图景逻辑理论"，以区别于前期的"逻辑历史学"。其思路的演变，见"前言：从历史逻辑到世界图景逻辑"。查常平：《新约的世界图景逻辑（第一卷）引论 新约的历史逻辑》，上海：上海三联书店，2011年，"前言"第1-9页。

导　论

我们生活在时间中，却忽视了对时间的更多言说。历史上关于时间的文字，实在少得惊人，这或许同时间问题的复杂性相关。不过，作为在时间中存在的人，没有义务不对他所存在的基石加以明晰的揭示，没有权利对何为时间的问题保持恒久的沉默。当我们言及前现代、现代、后现代之类时间性语词的所指时，总是不知所云，正因为我们对其所赖以成立的时间本身缺少根本的追思。其实，只要在言说时间，那么，我们就已和时间结下姻缘，并置身于历史中了。通过时间中的现在，我们和历史发生关联。在时间的流走中，我们为历史留下差别性之言，这便是价值的本真意指；但这种意指的神圣根据何在呢？是什么东西使人言的价值所呈现的差别性成为绝对的差别性呢？是什么担保了这种差别性的绝对性呢？此问，将价值问题纳入逻辑中，纳入自上而下的圣言承诺中。人言的价值与圣言的逻辑以何种方式对接，这成为价值逻辑论的问题域；时间与历史通过什么方式相关，这构成时间历史论的问题域。时间历史论与价值逻辑论以及关于两者内在相关性的言说，构成逻辑历史学的基础论。

总体上，逻辑历史学包括对时间、历史、价值、逻辑四个范畴的探究。至于探究它们的方法与结果，当然也应当有自觉的追思。这意味着逻辑历史学还内含对作为方法论的逻辑直观与作为原则的直观逻辑的言说。除了我们对逻辑历史学本身加以直观得到的逻辑图景外，直观逻辑还离不开据此对世界历史的逻辑的直观。因此，我们把前部分逻辑图景称之为逻辑历史学引论。

第一章　逻辑历史学的基础论

第一节　时间历史论的一般分析

个别时间相与普遍时间

当言及物理时间与心理时间时，我们并未深入到时间本身，而是对个别时间相[1]进行展示。至于这种个别时间相的普遍个别性，或者说，物理时间作为独立的个别时间相怎么可能，这些问题的答案只能从普遍时间中寻找。只有在普遍时间的天空下，才有个别时间相的显现。时间历史论首先需要反思的，是个别时间相与普遍时间的关系。

普遍时间这种相对个别时间相的普遍性时间，是个别时间相的普遍个别性的承诺者。个别时间相，彼此不可能相互代替，原因在于它们所持守的个别性是一种普遍的个别性，一种在普遍中的特殊性。既然是普遍的个别性，既然是在普遍中的特殊性，因而也是不可替代的个别性。它不仅不为在上的普遍性所替代，而且不为在下的其他个别性所替代。个别时间相除了在各自

1　"相"这个字，借用于柏拉图的 idea, eidos, 可译为"观念""概念""理型""理念""理式"。该字的意思，同 morphe 相同，即 ① 形状，形象，优美的形象；② 形态，外观，外貌；③ 式，种类。（参见罗念生、水建馥编：《古希腊语汉语词典》，北京：商务印书馆，2004 年，第 556 页。）这里更多取第三种意思，但是又同人们对时间的观念性理解相联系。参见柏拉图：《巴曼尼得斯篇》，陈康译注，北京：商务印书馆，1985 年，第 383 页注 3。汉语的"相"字，一为平声，相当于"质地"，即"相"论中的相；一为去声，有察看、审视、辅助、礼赞之意。参见刘小枫：《拣尽寒枝》，北京：华夏出版社，2007 年，第 184-185 页。

的时间域达成自己的个别性外，它还离不开对在上的普遍时间的承受。普遍时间通过时间中的现在，在下承诺个别时间。过去、未来这些时间要素在普遍时间中已完全被现在所替代，普遍时间现在是、过去是、未来也是普遍的时间，因为它永远现在着，永远向在下的个别时间相显明自己的绝对普遍性。在这个意义上，普遍时间即永恒。

普遍时间永远构成个别时间相的承诺者，在本源论[2]与存在论上同个别时间相无关。个别时间相作为承受者不是普遍时间的本源，更不影响它的存在。那么，普遍时间在本源论与存在论上的合一，究竟同什么东西相关呢？如此提问，已经阻止了我们对普遍时间的追思可能，因为不但它不是一个一般意义上的现成物，而且和它相关的也不是我们日常所说的可以让人摆布的什么。那承诺普遍时间的，必须是具有普遍性的超时间性的存在者，因在承诺者与承受者之间必须有质的差别性规定，否则，承诺者就无法实现自己的承诺性。标明和普遍时间相差别的，正是超越于时间的超时间性。该超时间性的存在者，既在普遍时间中又不在其中。在普遍时间中，是由于祂[3]给与普遍时间以绝对相对个别时间相的普遍性；不在普遍时间中，是因为祂自己的时间性有其自足的本源。我们这些置身于个别时间相中的人，对超时间性的祂的自足本源的领悟或许只能到此为止。

个别时间相，通过现在承受在上的普遍时间。现在永远在现在中现在着，它呈现着在上的普遍时间和在下的个别时间，两者于自身中相遇。而个别时间相中的现在，又是个别时间相从普遍时间所承受的相对有限时段。个别时间相的个别性，在于它在时段上的相对有限性。每个个别时间相，在时段上都是有限的。不同的时间相所承受的有限时段，不但有量的差别，而且有质的相异。它们和各自的价值逻辑相对应。个别价值逻辑的在场者、场所、在场方式，在不同的个别时间相中在场。

另外，个别时间的多相性，是其个别性的保证。如果个别时间只有单相，那么，在逻辑上它就无法避免不去替代普遍时间的可能性。事实上，当人片面强调某相个别时间的绝对性的时候，他已经企图在用个别时间来代替普遍时间

2　"本源论"指系统探讨一个对象如何起源的理论。

3　"祂"，不等于历史中的、社会中的"他"。后者是会死的，前者超越于历史、社会具有神圣性。1949 年以来，汉语学界论著中盛行以"他"代替"祂"，其原因在于无神论的自我观、社会观与历史观在观念形态上的主导地位。

了。其结果，导致我们对时间本身的无明。因为，个别时间不但不可能代替普遍时间，而且只有在和其他个别时间相的相关中才能充分达成自己的普遍个别性。况且，普遍时间的在下承诺，相对个别时间的在上承受具有优先性。如果前者不承诺个别时间以普遍的个别性，后者就丧失了自己的时间性根据。

个别时间相的诞生：分身凸现、前景开出与后景置入

普遍时间临在于个别时间相和后者的多相性，有物理时间、生命时间、生理时间、心理时间、社会时间、历史时间的诞生。在个别时间相之间，是个别时间相的分身凸现为我们追思它们给出了可能。尽管不同的个别时间相都和在上的普遍时间在本源论及存在论上相关，但其个别性最终是借助在下的个别时间相本身得以显明。物理时间在现成性的相对有限时段上最长，所以，它成为其余个别时间的现成性的给与者；历史时间在生成性的相对有限时段上最长，所以，它是其余个别时间的生成性的给与者。在给与者和被给与者之间，有分身母体与分身子体的关系。分身母体与分身子体这对范畴，表达的是个别时间相之间的源流关系。如生命时间从物理时间中分身，将物理时间的上下左右内外绵延的向度凸现为以上下绵延为前景的向度，物理时间担当的是分身母体的角色，生命时间是分身子体；同样，生理时间以左右绵延为前景，以上下、内外绵延为后景，但和生命时间密切相关。其中，生理时间是分身子体，生命时间为分身母体。

在相对有限时段上，作为分身母体的个别时间相，大于作为分身子体的个别时间相。而且，分身凸现只用于描述个别时间相之间的关系。在个别时间相内部，是前景开出与后景置入两种机制保证了单一个别时间相出现的可能性。任何个别时间相，只能选择一种绵延向度（物理时间的体向性，将横向的、纵向的、内向的三维度统合为一），其余的向度乃是借着后景置入沉潜到相应的时间相内。如果没有前景开出与后景置入，个别时间相的个别性将无从显明，从而也无法阻止单一个别时间相如物理时间僭越为普遍时间，进而代替普遍时间发生功用。

前景开出，将物理时间中的某一向度开出于生命时间中；后景置入，把它的其余向度置入在生命时间中。所以，我们才能理解植物为什么会上下生长并在死后能够融化为物质自然的一部分，因为在植物所背靠的生命时间中已经后景置入了物理时间的其他向度。

分身凸现展示的是个别时间相之间的关系，前景开出与后景置入表达的是个别时间相内部的时间向性的关系。两者一同承诺了个别时间相的可能性以现实性。

分身凸现的非进化性

个别时间相之间的分身凸现关系，没有进化的涵义。分身子体从分身母体诞生后，并未代替后者。在终极意义上，个别时间相的出现，还取决于普遍时间的在下承诺。正是普遍时间自上而下置入于个别时间相的时段中，个别时间相才占有了普遍的个别性。假如把分身凸现理解为一种进化机制，那么，普遍时间对个别时间的功用就会被忽视，甚至在抹去普遍时间中致使个别时间普遍化。而个别时间相的终极有限性，使其在普遍化的过程中把人引向对时间的无明。

用进化阐明个别时间相的关系，还会带来它们相互间的不平权地位。事实上，无论现成性的还是生成性的个别时间相，都是个别的时间相。就个别性而言，时间相之间无高低上下之分。其个别性，只是在普遍时间中才能得到神圣的维护。分身凸现能够成为现实，在根本上取决于普遍时间的在下承诺。由于承受方式的差异，个别时间相可以区分为现成性与生成性的时间相，两者共同形成为时间历史序列。

时间历史序列

现成性时间相，内含物理时间、生命时间、生理时间。它们在普遍时间中都有着恒定的绝对相对的有限时段。这种时段，由普遍时间给与，同人的存在没有必然的关联。现成性时间相的时间向性——物理时间的体向性、生命时间的纵向性、生理时间的横向性[4]——以一种事实的方式呈现出来，它们被人意识，其存在却不是人的意识的产物。

生成性时间相，由心理时间、社会时间、历史时间组成。其时间向性——心理时间的内向性、社会时间的向他性、历史时间的向祂性——是人的意识生命作用的直接产物。没有人的意识，这些时间向性乃是不存在的；而且，其绝对相对的有限时段和人的活动相关联。换言之，生成性时间相，生成在人的意识生命、精神生命以及文化生命中。

---

4 这里关于时间向性的观念，受唐君毅先生关于横观、顺观、纵观心灵活动的思想的启发而提出。参见唐君毅：《文化意识宇宙的探索》，北京：中国广播电视出版社，1992年，第488页。

普遍时间的普遍性

除了要阐明时间本身是什么外，我们探究时间的目的最终是为了展开历史的历史性，即在不同的个别时间相中所达成的那样一种历史性。个别时间相，以不同的相对有限时段去打开普遍时间的绝对现在性，它们在相应的程度上承受着后者，那么，普遍时间的普遍性何在呢？

作为个别时间相的普遍个别性的承诺者，普遍时间超越于个别时间相。但是，普遍时间这种观念，并不能从观念的构造者——人——那里得到永恒的保证，因为生活在个别时间相中的人，其时间性还来自于普遍时间。换言之，承受者怎么可能给与承诺者以普遍性呢？于是，普遍时间必须有另一种超越于人的根源。这种根源，不是来自于人的理论，因为产生在个别时间相中的理论不可能为普遍时间给出普遍性的承诺；它也不是一个神秘的幽灵，因为普遍时间要得到明晰的普遍性规定；更不是一种和存在于个别时间相中的人无关的客观之物，因为普遍时间为人给出时间论上的绝对相关性。这样，普遍时间的承诺者，必然是一个和人绝对相关又绝对差别的存在者。这位超越性的存在，并不像理论那样具有终结的可能性，祂自在永在地给与着普遍时间。"我是阿拉法，我是俄梅戛，是昔在、今在、以后永在的全能者"[5]；祂不像幽灵那样无可把捉，也不属于自在的客观物，祂为我们的生活提出时间论上的普遍性依据。

普遍时间与终极信仰

随着对普遍时间的本源追思，我们发现：有一位超越于我们的存在、超越于我们所存在的世界之上的存在者。祂通过普遍时间对个别时间相的承诺，承诺了物质的在、生命的生长、动物的生存和人的存在、共在、同在。我们对这样的存在者的信仰，即终极信仰。我们除了信仰祂而外，便别无选择。即使我们有对祂之下的物的信仰，或对某些次终极性之物的信仰，但这样的信仰不能给与我们以绝对确定性，因为我们还要对我们的所信展开追思。然而，不是停止追思带给了我们以确定感，而是追思到不可追思的地方，那被追思之物向追思者敞现出了确定性。面对那确定无疑的存在，我们这些有限的存在者只有举目仰望去信仰。

5　《启示录》1：8，又见22：13，21：6。

终极信仰所信仰的对象，如果是从信仰祂的人——有限的存在者——获得终极性，那么，如此而来的终极性乃是非终极的，因其给与者的人是有限的。这样，在逻辑上，终极信仰的对象必须自我给与自己的终极性，祂必须借助一位既同自己绝对相关又和自己绝对差别的存在者保证自己的终极性不致伪终极化，祂必须在改变信仰祂的人身上表明自己的超越性（transcendence）和临在性（immanence）。终极信仰的超越性，因为祂是自我给与的；其临在性，因为祂主动向人临近并内在于人之存在中。实质上，终极信仰应当有两个特点：祂与所信对象的合一以及祂对信仰自己的信仰者具有普世性。终极信仰必须具备能力把一切信祂的人联合为一体。

历史的内涵

时间中的现在，乃是终极信仰借助普遍时间呈现之在，是呈现终极信仰的绝对相对有限时段。现在永远呈现着终极信仰，因而是绝对的；它要过去并接纳未来，因而也是相对的。它于自身中承受着在上的终极信仰，通过存在于现在中的人得以达成。于是，终极信仰自我呈现的过程，便形成了历史。换言之，历史，乃是从创世到终末终极信仰实现其终极性的过程，也是终极信仰向一切非终极性的信仰表明自身的终极性的过程。如果自下而上言说历史，那么，任何个别历史事件都是人的信仰作用的结果，是人的信仰之发生，只是这样的信仰有终极性与非终极性之差别。人在历史中所造就的行为，其最终的依据在他的信仰里而不是他的观念中。终极信仰借助人的信仰介入历史，由于人的现在性之存在和时间相关联。

时间论在时间历史论中的优先地位

仅仅驻足于时间的言说，将会把我们引向空洞的时间向性的规定性里。事实上，个别时间相无不具有相对有限的时段性。这种时段性的标志和终极信仰所呈现的历史相关。逻辑历史学的历史观，在此已经从一般事实史学的历史观扩大为时间历史论。凡是有时间的地方就有历史，正如凡是有价值的地方就有逻辑一样。时间是我们进入历史的钥匙，个别时间相，说穿了指个别时间历史相。在时间历史论中，不但时间而且历史都是一种终极信仰呈现出的绝对相对有限时段。我们怎样理解时间的方式，也是我们如何解明时间域[6]中不同个别

---

6 时间域，指由普遍时间与个别时间相（物理时间、生命时间、生理时间、心理时间、社会时间、历史时间）相遇形成的时间界域。

时间相的历史性的方式。所以，时间历史论首先是一种时间论，它包括对一切个别时间相的言说。

第二节　价值逻辑论的一般分析

生活在个别时间相中的人，其言说的差别性内容构成个别价值相。如果将价值规定为差别性的人言，那么，个别价值相就是人类关于不同价值域的差别性言说。但是，难道人言的差别性能够由有限的言说者自身来保证吗？难道相对的差别性人言可以自我给出其绝对的差别性依据吗？

个别价值相与普遍价值

个别价值相的普遍绝对个别性，是一种不能由个别的、相对的东西来承诺的个别性。在不同的个别价值相之间，我们找不到其普遍个别性的根源。它只能在和个别价值相对应的普遍价值那里。作为承诺者的普遍价值，承诺了个别价值相的普遍个别性。换言之，如果个别价值相的言说者不相信普遍价值的存在，那么，他的言说就不再具有普遍的个别性，因而沦为一种常识性的言说，沦为一种在柏拉图意义上的"意见"。在下的个别价值相的承受者身份，决定着它获取其普遍个别性的方式。承受者不可能承诺其余承受者的普遍个别性，因为它自身受到个别性的限定。个别性的承受者所承诺的，不过是其个别性的而非普遍的规定性。

普遍价值的价值性，意味着它同作为人言差别性的相关性，其普遍性又使之超越于个别价值相及其言说者。显然，普遍价值因它的价值性而成为个别价值相的给与者，但它的普遍性却禀有另一种根源。既然价值指人言的差别性，那么，普遍价值就是一种差别性之人言的表达，而且，这样的差别性还是普遍地同个别价值相中的人言相差别。所以，普遍价值的给与者，绝不可能是受到个别价值相限定的个体生命，而是一位超越于个体生命全体的存在者。祂在个体生命全体之上，并普遍地同该全体中的个体生命相差别，其差别性借助对价值的显现和个体生命全体相关联。一种同个体生命全体而非部分既相关联又相差别的东西，在终极意义上不可能来自个体生命全体中的任何人，祂必须是一位自我赴身于个体生命全体的存在者。

普遍价值背靠普遍逻辑，后者自身给出自己的绝对相关性和绝对差别性。这种现象发生在三位一体的上帝身上。于是，普遍逻辑已不再是一种推理方式，而是普遍差别的神言。

普遍价值从普遍逻辑获得普遍性，将其实现在对个别价值相的普遍依据的承诺中。相反，个别价值相的个别性，只能在普遍价值中才能得到根本的持守，否则它将越过自己的个别性限定僭越为普遍价值。如果这样，单一个别价值相对其余价值域将实行专制统治（如今盛行的科学主义就是一例），从而在价值逻辑论中为政治领域的专制提供无声的辩护。另一方面，一旦个别价值相要为其余个别价值相给出普遍性的依据从而忘记了自己的个别性身份，那么它最终丧失的乃是自己的个别性地位，致使人们怀疑普遍价值的存在。

个别价值相的诞生

普遍价值在下承诺不同价值域中的普遍个别性，形成物理的、生命的、生理的、心理的、社会的、历史的价值相。它们的被承诺性，决定着自己的永恒个别性。这种个别性，一方面阻止了个别价值相对普遍价值的替代，另一方面使不同的个别价值相持守在自己的价值域中，不至于用一种价值尺度去度量、取代其余价值相所背靠的价值尺度。依照普遍价值的承诺，价值逻辑论从不同的个别价值相的角度言说价值，正是基于对此的自觉。无论怎样，个别价值相的诞生有其普遍性的依据，所以不同的个别价值相不能彼此替代。

个别价值相和普遍价值的关联以及普遍价值和普遍逻辑的关联，使我们言说的个别价值相实质上是一种个别价值逻辑相。纯粹出于人言的价值论，因其没有普遍的个别性而失去根本的依据，这样的价值论不具有普遍的有效性。与此相反，价值逻辑论正是要考察个别价值同普遍价值如何相关的方式及其内在地展开的可能性，把纯粹的个别价值相建立在逻辑论的基础上。

价值逻辑序列

和时间历史序列相对应，价值逻辑论把物理的、生命的、生理的、心理的、社会的、历史的价值逻辑相称为价值逻辑序列。其中，物理的、生命的、生理的属于现成性价值逻辑相，心理的、社会的、历史的属于生成性价值逻辑相。现成性和生成性，是用于描述个别价值相的构成方式的观念。在整体上，物理的、生命的、生理的三相价值逻辑，是个体生命意识物质自然体、自然生命体、肉体生命体的产物，其对象并不随意识性主体而改变，所以我们称之为现成性价值逻辑相；心理的、社会的、历史的三相价值逻辑，是个体生命意识意识生命体（人对自身心理活动的意识）、精神生命体（人对与他人交往共在的意识）和文化生命体（人对历史中的文化传统同在的意识）的结果，其对象生成在个体生命的意识活动中，所以我们名之为生成性价值逻辑相。

普遍价值的普遍性

普遍价值如何在个别价值逻辑相中持守自己的普遍性呢？价值逻辑论认为：它赐与个别价值逻辑相有限性，个别价值逻辑相无论在本源论上还是存在论上都受到普遍价值及其相互的限定。普遍价值是个别价值逻辑相的承诺者，因而其普遍性另有根源，后者是承受者，因而离不开对普遍价值的依赖和仰望。相对个别价值逻辑相它是普遍的，因为其普遍性不是来自于它所相对的对象。那么，普遍价值从何处得到自己的普遍性承诺呢？

既然价值指差别性的人言，既然普遍价值是超越于差别性人言的普遍之言，那么，这种普遍之言一定是超越个别人言的普遍差别即终极差别。它差别于任何人言，而且自身必须是一种言而非观念。因为观念性的东西不具有终极性，它面临被代替的可能性。和终极信仰一样，终极差别自身也向我们开启了一位绝对差别于我们的存在者，祂创造了我们但不被我们创造，祂若不向我们临近我们便无法临近祂，祂若不来寻找人人就不可能发现祂。终极差别，不过是对祂与我们的关系的一种描述。借助终极信仰，我们能够领纳祂的存在；由于终极差别，祂又同我们永远保持着相关的间距。

普遍价值与终极差别

终极差别与非终极差别的差别，在于其主体是否自足地持守着自己的终极差别性。诚然，凡是自我宣称为终极差别的对象，在主观上都有捍卫自己的差别性的欲望，但并非所有的对象在客观上能够持守自己的终极差别性，而不被其他对象替代。倘若在差别者与被差别者之间没有一位超越于历史性的存在者，即使这样的存在者以观念的、灵性的、理论的方式为固守自己终极差别性的对象，那么其间的差别便无法得到永久的看顾。作为普遍价值的给与者，终极差别必须自我给与自身的差别性而不是将此建立于人言的基础上，否则它将陷塌。在终极意义上，它的差别性是启示的产物而非人言的积淀，它在自身中设定自己同受造者的差别。换言之，终极差别意味着创造者与受造者的差别，而且这种差别保证了承诺者与承受者的永恒差别。

逻辑的内涵

终极差别，指涉着那和受造者相差别的创造者，祂言说自己的差别性。祂是存在，因为祂高于一切存在者；祂是存在者，因为祂在我们中间，否则我们便无法领纳祂的存在。这样，祂被启示为逻辑。因为逻辑最初的涵义乃是言说和交谈。如果有言说，那么言说将带出一位言说者和祂言说之言。借助被启示之言，我们明白有一位超越于我们的言说者，我们在这种明白活动中认识到有一位内在于我们的言说者。关于逻辑一词透露出的言说的信息以及该词怎样同历史的耶稣与信仰的基督相关，我们将在本书的价值逻辑论部分展开。

价值论在价值逻辑论中的优先地位

在推进逻辑历史学的过程中，尽管我们力图在人言的价值与神言的逻辑之间阐明其内在关联的方式，但我们的言说，在终极意义上还是一种价值论，一种人言。作为受造者，我们没有办法使自己的言说远离自身，只可能使之建立在神言所启示的根基上。至于人言在多大程度上企达了神言，只有在历史的奥秘完全终结的时候，我们才清楚。所以，在价值逻辑论中，价值论具有优先的地位。靠着对人言的反思，我们以个体生命的身份进入神言并与之对话，从而达成价值逻辑论的言说理想。

第三节　历史与逻辑的相关论

在差别性的意义上，我们一般地言说了时间历史论与价值逻辑论。两者在意涵上的各自的相对性，迫使它们彼此相关。无论时间历史序列还是价值逻辑序列，它们都关涉到共同的在场者、场所和在场方式，有同样的内容充实在个别时间相与个别价值逻辑相中。对时间向性的考察，旨在更好地阐明价值逻辑主体的诞生；从不同的学问形态的展开中，我们明白了不同时间域中的时间向性赖以持存的方式。所以，时间历史论和价值逻辑论，不过是历史与逻辑的相关论的预备性阐释。

历史和逻辑相关，表现在普遍时间与普遍价值、终极信仰与终极差别、个别时间相与个别价值逻辑相几方面。

普遍时间与普遍价值的相关性

和一切个别时间相一样，普遍时间也有自己的时间向性。它是普遍性的时间，它将不会过去也无需再来，它永远现在着。不过，现在所呈现的是什么呢？除了普遍价值即超越于个别时间相的价值外，难道它还能承受别的内容吗？如果普遍价值是普遍性的，难道它还受到个别时间相的限定吗？如果普遍价值是关于人言的超时间性言说，那么这种言说便呈现在普遍时间中。

普遍时间的现在性，为普遍价值的永远在场给出时间论上的根据。凡是关于人的普遍性言说，都是在普遍时间中对人的言说，因而不会过去；凡是积淀在普遍时间中的普遍价值，实质上构成人所承受的普遍逻辑的一部分。普遍时间与普遍价值因一种普遍性的存在而相关联，它们共同从普遍逻辑所指涉的那一位中、从那位绝对的超越者中、从那位作为终极信仰与终极差别的统一体中得到其普遍性的根源。

终极信仰与终极差别的相关性

终极信仰与终极差别，分别构成普遍时间与普遍价值的承诺者。后两者的相关性，暗示出前两者的相关性。终极信仰所指的那一位和信仰祂的信仰者，形成终极差别。这种差别不可能被替代，否则，由此差别所呈现的那一位就不是终极信仰的对象。换言之，终极差别是终极信仰的所指对象和其信仰者间的差别。另一方面，这里的信仰者，也包括那些相信自己处于不信状态的人。只有这样，终极信仰所指的对象才具有真正的普遍性。同样，终极差别也是对终极信仰所指对象的特征的描述，该对象必须有能力在自我差别中持守自己和一切信仰者的差别，否则祂将不可能成为被信仰的东西。在信仰对象与差别对象（即和个体生命持守差别的对象）的同一性意义上，终极信仰与终极差别相关联。这种相关性，和普遍时间与普遍价值的相关性一样，是从承诺者的角度而言的。个别时间相与个别价值逻辑相的相关性，只能从承受者方面加以言说。

个别时间相与个别价值逻辑相的相关性

首先，时间相和价值逻辑相的个别性，是一种基于普遍性的个别性。两者各自从普遍时间与普遍价值那里承受普遍性的保证。其次，任何个别价值逻辑相主体，都以不同的在场方式发生于相应的个别时间相中。离开具体的相对有限时段，个别价值逻辑相在时间论上便失去了根基；放弃个别价值逻辑相全面开出的差别性之言，个别时间相将沦为空洞的时段。至于个别时间与个别价值逻辑相如何相关生成不同的世界相，这属于逻辑历史学在历史与逻辑的相关性的部分讨论范围。阐明世界为何如此，构成逻辑历史学的最终目标[7]。

历史与逻辑的相关性

没有历史的逻辑，只是空洞的形式逻辑；没有逻辑的历史，只是无根的事实历史。

逻辑历史学，从时间进入历史和从价值进入逻辑，就是要在逻辑与历史的相关性基础上开出世界历史的逻辑，向每一个把生命建立在终极信仰与终极差别之上的人阐明迄今为止的世界历史发生的原因。历史与逻辑的相关性，呈现在逻辑历史学关于世界历史的逻辑的言说中。而作为逻辑历史学引论的一部分，这不过是在为日后的言说做准备性的工作。

当历史背离逻辑的向度的时候，它将呈现出更多的事实性并选择伪历史正义为历史正义、伪历史信仰为历史信仰。这样的历史所依存的历史观，相信在历史之上只是虚无，不相信历史会终结，不允许一位高于历史的存在者来审视自己的合法性。其间，它将以事实性的在者为自己的合法性的根基。反之，一旦逻辑远离历史的向度，它就会沦为空洞的所谓形式逻辑，其中没有任何价值论的成份和终极的召唤，更谈不上为人的一切价值性言说给出差别性的最后承诺。人言因此而降格为日常的意见。逻辑历史学，基于对历史与逻辑各自的纯粹有限性的自觉，主张从两者的相关性中打开历史的逻辑和逻辑的历史的奥秘。

---

7 在笔者现在看来，这个应当是"人类的世界图景逻辑"的研究目标。

第二章　逻辑历史学的方法论

任何一门学科形态如果在阐释其对象时要获得本真的有效性，它就离不开对自己所背靠的方法论的意识。在这点上，逻辑历史学一旦希望在打开世界历史的逻辑中取得应有的成效，它便有必要自觉地审视其方法论的逻辑，并系统建立仅仅属于自身的方法论学说。

事实历史学的启发

事实历史学认定，历史不过是个别历史事实的集合。用一般的史学术语说，个别历史事实既相互联系又相互差别，它们在根本上相互关联。据此，事实历史学家，在不同层面也为解释历史事实的逻辑建构出自己的理论体系。但是，若把历史学的对象仅仅限定为已发生过的历史事实，将其使命理解为阐明个别历史事实的联系，那么由此伸发出的理论体系，因其缺乏根本的逻辑指向而不可能成为一种普遍的历史逻辑。不过，事实历史学寻求历史事实的相关性与差别性的努力，在最低层面预示着和它相对应的逻辑历史学的方法，这便是以终极差别与终极信仰为原点的逻辑直观。

在类比意义上，事实历史学的方法可以简括为事实直观，即历史学家依据自己的某种历史信仰直观历史事实的差别性与相关性。称其为直观的，因为事实历史学家是依存自己的个人认信独立地宣告个别事实之间的联系。何况，作为历史学家研究对象的历史事实，是基于历史事件的参与者与见证者的历史言说。任何历史事件的参与者与见证者，无不具有自己的历史信仰或个人信念。他们总是根据自己的历史信仰或个人信念选择性地对已经发生的历史事件展开言说。另一方面，作为研究主体的历史学家与作为研究对象的历史事实，在根本上都是某种历史信仰或历史信念的产物。在表面上，尽管每位研究者都企图说出自己的结论的理由，但深究其理由的理由，无不基于他作为个体生命对某种价值对象的认信，基于他对一些事物的信念。社会进化论史学家，源于对所谓的自然进化论的推论。他们相信人类社会进步的必然性，而没有能力证明这种必然性，即使他抱有这样的企图。

逻辑直观

事实直观所内含的信仰成分，一方面由于历史事实都是历史主体信仰的表达；他方面在于直观本身的信仰性。和理性证明不同，直观行为的发生建立在直观主体的信仰上。理性证明者相信自己的理性能力和全部证明过程的合理性，但直观主体只相信信仰的力量和一切个别信仰所信的终极信仰的终极差别指向力。逻辑直观区别于一般的事实直观，它把历史事实主体的信仰推回到终极信仰的原点，并要在信仰者与所信对象之间建立起终极差别。更为准确地说，这种差别乃是信仰者全体的所信对象自我呈现出来的。因为人这个有限个体生命，即使在自己与所信对象上建立起终极差别，但其有限性注定了他无能捍卫这种差别。换言之，终极差别的终极性，源于终极信仰的自我承诺。逻辑直观因此而成为终极信仰的信仰者运用自己所承受的终极差别指向力对历史表象的直观，或称为以终极差别与终极信仰为原点的直观。在逻辑直观的过程中，直观主体必须是一个自觉的信仰者，一个自觉而系统地反思自己的信仰对象与信仰方式的人，否则他就不可能持守终极差别所开启的作为神言的逻辑，不可能直观出他所直观的对象和终极差别的承诺者之间的差别。要是终极差别的承诺者和承受者没有差别，要是信仰者代替了他所信仰的对象，由此而来的关于历史表象的直观将不会产生出终极有序的逻辑图景。

差别性直观与相关性直观

就可操作性方面而言，逻辑直观分为差别性直观与相关性直观。

差别性直观，指逻辑历史学家根据自己从终极差别所承受的差别指向力对某些历史表象的差别性的直观。这种直观，首先运用于终极差别的承诺者和承受者，在直观出它们的差别的同时，去直观一切承受者所成就的历史表象间的差别性。任何历史表象只要其诞生有普遍个别性的依据，它便同其余历史表象有差别。发现这种差别在何种意义上成立，构成逻辑历史学家的差别性直观的目的。逻辑历史学家从差别性直观所得到的，是以终极差别为原点的差别性世界图景。

差别性直观内含对两方面的直观：一是终极差别的承诺者和承受者的差别，一是不同的历史表象在何种程度上相互差别。它给出历史表象的个别性，并依照终极差别的原点建构起世界的差别性图景。同样，相关性直观，也包括直观出终极信仰与历史表象的相关性，以及历史表象之间的相关性。

假如逻辑历史学家只有差别性直观的能力，那么，他所建立的世界历史的逻辑图景将是任意性的。因为，任何历史表象在呈现出自己的个别性时也有其普遍性，即同成就该历史表象的历史主体所信仰的终极信仰相关。历史主体首先是一个信仰主体，他相信自己所信的就是终极的信仰本身，尽管他所信的有时只是一种次终极的信仰。当然，相关性直观正是要直观出历史信仰主体在多大程度上的终极性。和终极差别一样，终极信仰的终极性，不是源于有限个体生命的承诺而是自我给与的，因为有限个体生命所承诺的，只是他个人的信仰而非普遍的终极信仰本身。唯有在终极信仰里面，所信对象和其信仰者才实现了完全的合一。个体生命的信仰，却有信仰对象同他自身的分裂，即差别。不过，这种差别还是有其内在的相关性。通过历史主体的个别信仰，终极信仰与历史表象相关。

历史表象间的相关性，借助历史主体的个别信仰对终极信仰的依赖这一点得以显明。历史表象的发生，取决于历史主体相信什么东西有价值的信仰进而参与或见证历史事件，甚至展开对历史事实的书写，但并非一切历史主体的信仰都具有终极性。相关性直观正是要直观出个别历史主体的信仰所赖以持存的终极性的程度，进而呈现出以终极信仰为原点的关于世界历史的相关性逻辑图景。直观历史表象间的相关性，最终是为了达成历史表象与终极信仰的相关。

当逻辑直观选择以历史表象为对象的时候，其使命在于直观出它的同一性与相异性。历史表象的同一性，即任何个别历史表象无不因着历史主体的信仰而和终极信仰相关；其相异性，在于一切个别历史表象都在不同层面上和终极差别相差别。在广义上，逻辑历史学的基础论范畴也属于历史表象的内容，它们出现在时间历史序列与价值逻辑序列中，最终成为人类思想史的一部分，成为一种传统意义上的历史哲学绪论。

直观元和直观链

从逻辑直观本身看，尤其在逻辑历史学的基础论中，我们可以将直观对象分为直观元和直观链。直观元指单一的直观对象如概念、观念，直观链指由多个直观元构成的直观对象（如物理价值逻辑便有物理、价值、逻辑三个直观元）。这样，逻辑直观表现为对直观元的直观和对直观链的直观。

单一直观元的涵义，隐藏在由处于共存关系和反存关系的其他直观元所构成的语族中。直观同一语族中的直观元之间的差别性和相关性，成为逻辑直观的使命。以时间语族为例，其三元素过去、现在、未来是共存关系，而时点、瞬间为共存关系，但时间的时段性决定了它和时点的瞬间性的差别，两者处于反存关系。另一方面，过去、现在、未来，不过是时间显明其时段性的不同方式，它们有包容的即反存的关系。反存关系，既指两个直观元的相反关系如时间与时点（时点在绵延中生成时间，因而在自我否定中消失于时间之中），又指它们为从属关系如时间和它的三元素。时间三元素如何共存、它同时点如何构成反存关系、它与三元素之间又具有怎样的从属性，我们将在时间历史论中利用逻辑直观的方法加以直观。

单一直观元，都有仅仅属于自己的概念语族或观念语族。发现一个语族，成为逻辑历史学家建立逻辑历史学的基础论以及展开世界历史的逻辑图景必不可少的能力。在逻辑直观中，最需要避免的是任意创造概念语族或观念语族，把本来毫不相关的概念或观念纳入同一语族里。不过，越是明晰的历史逻辑图景，其所依持的概念或观念就越具有共存关系或反存关系，其语族的相关性及差别性的直观便越明晰。

在逻辑历史学的推进中，还有以直观链为直观对象的情况。我们将对直观链进行分解，把其中的直观元纳入各自的直观语族，发现它和其他直观元的相关性与差别性，然后审视它们在哪种意义上能够重新整合。直观链的涵义，便显明在这样的分解与整合的过程中。如以物理价值逻辑为例，我们把它分解为三个直观元：物理、价值、逻辑。按照对价值与逻辑的阐释，该直观链的核心直观元是物理，它所赖以存在的直观语族为生命、生理甚至包括心理、社会、历史。直观物理与生命的差别性，是我们直观物理价值逻辑的基础。因为，价值、逻辑两直观元，已在价值逻辑论的不同直观语族中得以解明了。至于物理为什么能够和价值逻辑整合为一个直观链，这取决于对它们的相关性直观，将展开在价值逻辑论中。

在逻辑直观中，把直观链分解为个别直观元，主要是为了明晰地展开它的涵义。这种分解若不能重新整合，那么，该直观链中的直观元显然缺少必然的相关性。如果这样，就需要质疑此直观链成立的可能性。

这里，我们只是提出了逻辑历史学的方法论所涉及的基本范畴。逻辑直观具体的展开方式，内含在逻辑历史学的全部建构过程中。

第一编　时间历史论

历史由于基督教才被发现，因为基督教，人类概念出现在历史中。人类需要救赎，不是单纯机械的得救，而是在终末的意义上、在世界终结的时候把人类从根本的原罪中拯救出来。[1]人类在基督中成为一个真正的类。基督教将人类视为向上帝同在的同在者全体，把所有的人纳入同在者全体之中。只有在人面对三位一体的上帝的时候，只有在投向上帝的怀抱的进程中，人作为人的神圣性存在才有保证。否则，人类最多不过是个高级动物。在基督教看来，如果在人和上帝之间没有耶稣基督作为中保，人就面临四种可能性：人妄称自己为神而把自己神化为偶像式的假神，或者沉沦为其他的受造物，即沉沦为动物、植物、物质，这就是人的动物化而丧生作为人的尊严、人的植物化而丧生人的意识能力、人的物质化而根本上退化为无意识的在者。如果上帝不再是上帝，人作为个体生命就不可能是一个真正意义上的人；如果人不再是人，那么上帝就不可能成为上帝，由动物、植物、物质构成的世界也不可能成为世界本身；这样，人最多是一种基于所谓的历史本体论或社会本体论或形上本体论的存在者。问题在于：这样的本体论，究竟以何为本？它们究竟建立在什么根基上？如果它们仅仅是以个别的人（或思者）的意识生命的为根基，这种给与根基的人的个别性，何以能够为普遍的人类给与根基？

基督教的上帝承诺给人类的不是一种现成的属性，祂没有强制地把某种

1　林达夫、久野收编：《哲学 IV 历史的哲学》，羽仁五郎等的对话，东京：岩波书店，1971 年，第 2 页。

事实性的规定性植入人的心中。[2]相反，上帝出于对人的爱给了人自由意志，引导人自己决定自己的存在道路。上帝看着人误用自由意志堕落了，又将自己的爱性启示在耶稣基督的生死复活中，以此达成对人类的真正救赎。由于耶稣基督的灵生事件（指耶稣因着马利亚受圣灵感孕诞生的历史事件）的特殊性，人类历史被统一在普遍时间的基础上。人类普遍接受耶稣基督的诞生为公元纪年的起点，这从结果表明：耶稣基督宣告的福音，不仅是天国的，而且是历史的、社会的、人生的，是建立在普遍时间基础上的面向人类历史、人类社会以及每个个体生命人生的福音。"但是，约翰福音的重点在于：这种新的起点、新的开始、新的生命不是一个依赖在现世历史或在肉体生活中变化的事件。它以上帝为开端，来于上面，源自天国，并在精神之中。"[3]也许，正因为耶稣灵生的独特性，正因为耶稣在灵生中同在上的神圣之灵与在下的个体之人相关，人类才普遍接受其降生年为公元元年的起始。而耶稣的灵生，恰恰在人类历史中注入了一种特别的意义。耶稣在马利亚的圣灵感孕中将自己同上帝相关，耶稣的灵即上帝之灵。这显明人类的历史，仅仅是顺从或背逆三位一体的上帝的历史。"历史是上帝的全能行动和人回应它的故事。"[4]

基督教和历史的联系，体现在它对公元时间记年方式的承诺上。人类借助耶稣基督灵生的事件，把自己纳入统一的历史进程。"事件则赋予了时间以意义和方向。这就是年份从基督诞生算起的原因，基督诞生是一个由时间注明，同时又注明时间的事件。所以基督的降临使整个过去和未来因基督而获致了自己的方向。"[5]由基督复活后应验的三位一体上帝所承诺的终极信仰，最终成为历史的终极信仰。说它是终极的，因为耶稣基督的活着保证终极信仰的承诺者——上帝——的终极性，祂在逻辑上不可能越过耶稣基督的位格而降格为历史中的任何事实性在者。上帝本是三位一体的上帝，祂因耶稣基督的位格不可能放弃自己的在上本性；说它是历史的，因为耶稣基督在灵生、

2 潘能伯格从神学出发，把人的这种非现成性描述为人对世界和他的创造者的开放性。参见潘能伯格《人是什么：从神学看当代人类学》，李秋零、田薇译，上海：上海三联书店，1997年，第一章。

3 H.Richard Niebuhr, *Christ and Culture*, New York : Harper & Row Publishers, 1951, p.201.

4 H.Richard Niebuhr, *Christ and Culture*, New York : Harper & Row Publishers, 1951, p.195.

5 路易·加迪等：《文化与时间》，郑乐平、胡建平译，杭州：浙江人民出版社，1988年，第231页。

爱道的宣讲、受死、复活、升天、再来、审判[6]中同人类相关，祂是大卫的子孙，亚伯拉罕的后裔，一切信祂的人之元首。祂向圣父祈求保惠师圣灵的统治、祂对再来的终末承诺，这一切显明耶稣基督实实在在是关顾着人的人子。

关于历史的一般陈述

历史一词在希腊文中指探究、"知识材料"、叙述，词根内含判断、看见的涵义。[7]亚里士多德将历史和诗相区别，认为历史叙述已发生的个别事件，诗则描述可能的带有普遍性的事件。[8]据此，历史由过去的个别事件构成。

但是，一种个别事件成为历史的事件，还离不开探究者的探究、叙述者的叙述。并非所有发生的关于人的事件，都在历史中成为历史的"知识材料"、成为后人阅读的历史事实。探究者、叙述者在对个别事件进行选择的时候，他们在呈现个别事件的个别性的时候，他们依据的是自己的终极信仰。他们探究那些对自己的终极信仰有价值的个别事件，叙述那些对自己的终极信仰充满意义的已发生的事件。所以，历史作为"知识材料"，离不开探究者的终极选择，离不开叙述者的终极判断。所以，历史是终极信仰自我证明的历史。即使探究者、叙述者在其历史性的创作活动中没能向他人表明其信仰的终极性，但是，至少他自觉到自己所探究所叙述的对象对自己具有终极的意义和价值，至少他意识到自己的探究、叙述的意义和价值。否则，他就不可能从事历史工作，不可能解释自己为什么选择某部分个别事件而放弃其他的个别事件的原因，尽管有时候他一开始的工作乃是非常偶然的。没有对自己的信仰的终极性自觉，就没有真正的历史探究和历史叙述。"一切历史写作都是'一种信仰的行动'"，[9]一种信仰的自白。"不论是单干或通过助手工作，历史学家必须以自己的判断和价值标准来决定……什么是有意义的，什么是没有意义的。"[10]在历史学家的价值判断中，最关键的因素依然是他对终极信仰的信仰。

6　查常平：《新约的世界图景逻辑（第一卷）引论　新约的历史逻辑》，上海：上海三联书店，2011 年，第 318-342 页。

7　参见刘小枫：《走向十字架的真》，上海：上海三联书店，1994 年，第 110-111 页。他还简略陈述了"历史"一词的历史。

8　亚里士多德：《诗学》，罗念生译，北京：人民文学出版社，1982 年，第九章。

9　萨缪尔·莫里逊：《一个历史学家的信仰》，张文杰等编译：《现代西方历史哲学译文集》，上海：上海译文出版社，1987 年，第 259 页。

10　张文杰等编译：《现代西方历史哲学译文集》中萨缪尔·莫里逊《一个历史学家的信仰》，第 262 页。

只有他相信个别事件对自己的终极信仰有意义，只有他认定个别事件同自己的终极信仰相关，个别事件才能被纳入历史事件的范畴。

当然，历史学家的终极信仰，区别于终极信仰本身。不过，作为终极信仰本身，前者必然包含在后者中。正是两者的区别与联系，给与历史以差别性和同一性。每个历史学家，按照自己的终极信仰选择个别事件，以此组建自己的历史图式，这赋与历史以差别性，因为其构成要素的历史事件永远是个别的历史事件。另一方面，历史学家的终极信仰，又属于终极信仰全体的一部分，所有的历史学家都面对同一个终极信仰而探究、叙述、判断、看见历史事件。历史的同一性的根基就在这里。由历史学家选择的个别历史事件，只有面对共同的终极信仰才是个别的。因为，个别历史事件的终极个别性，由终极信仰给与。由于历史学家作为人和终极信仰的承诺者上帝之间永恒的间隔，他组建的历史图式永远是个别的、片面的而不是终极信仰呈现的历史全景。[11]

不过，历史的差别性和同一性的最终根据在何处呢?难道历史能自身给与自身以差别性和同一性吗? 此问将我们引向对历史与基督信仰的关系的问题上来。

历史的差别性与同一性，根源于三位一体的上帝的差别性与同一性。按照基督教的教义，三位一体指：只有一位上帝，上帝有三个位格，每个位格本身都是上帝。上帝的三位格显明祂自身的绝对差别性，三位格的一体化表明祂的绝对相关性。前者即上帝的义，后者即上帝的爱。既然上帝是三位一体的，那么，上帝在义中有爱、在爱中有义的属性。在《圣经》中，上帝既是差别性的三位又是同一性的一体。上帝在差别的意义上是圣父、圣子、圣灵三位，在同一的意义上是上帝本身。圣父通过圣子、圣灵建立了自己同人的公义关系，人不可能越过圣子代替圣父，圣父也不会避开圣子事实化为世界中的在者。圣灵开启人的良心。但是，是圣灵在圣父、圣子、人类之间的工作将其关联一体。圣子借圣灵降生、复活，圣父把圣灵承诺给人类为保惠师以显明自己对人类的爱。

上帝这个终极信仰的承诺者的差别性和同一性，为历史的差别性和同一性开出了终极依据。个别历史事件，由人的终极信仰的行动所致，人的人性的不同内容即差别性，其终极信仰性即同一性。人通过差别性的个别信仰创

---

11 张文杰等编译：《现代西方历史哲学译文集》中萨缪尔·莫里逊《一个历史学家的信仰》，参见罗宾·科林伍德《历史哲学的性质和目的》一文，本书第167页。

造历史，以表达同一性的终极信仰。虽然其中内含人的自由意志，但此种自由意志却出于上帝的爱，出于上帝通过耶稣基督向人启示的爱本身。正是在耶稣基督里，人作为个别的同在者全体才同一为向祂而在的同在者全体，人才能成为人类中的一员。唯有在耶稣基督里，人才要爱他的敌人，善待恨他们的，祝福咒诅他们的，要为逼迫、凌辱他们的人祷告[12]。

耶稣基督在人类历史上包括祂的上述教导的独特性存在，为人类历史的同一性给出终极基础，也为人类历史中的个别事件作为个别的事件的发生提供了根本保证。人作为人类中的一员，他以个别者的身份直接向祂而去，并在其投奔祂的途中生成自己和历史的差别性及同一性。人在去祂的路上，承受耶稣基督作为人子这个终极个别者的承诺，而且，人只能以个别者的身份，承受耶稣基督的差别性的承诺和同一性的应许。历史展开在这种承受者与承诺者的往来中。

总之，历史诞生在人（探究者、叙述者以及个别信仰者）的终极信仰（或称为同在者全体对终极信仰的信仰）与上帝的契合、交通、冲突中。历史内含的差别性及同一性，根源于三一上帝自身的差别性及同一性。

历史差别性的同一性基础，既然在耶稣基督的位格存在上，那么，耶稣基督对公元时间纪年方式的承诺，就为这种基础给出现实的可能性。历史的差别性，表现在时间中为历史事件的差别性或个别性。任何历史事件，都在特定的时间中发生，以此达成终极信仰的终极性。没有离开个别具体时段的历史事件。同样，历史的同一性，只有在共同的历史时段上才是同一性的。于是，对历史的探究应该转入对历史所临在的时间的探究。

西方古典哲学家的时间观

在谈论时间的时候，一般都涉及到时间的三种因素：过去、现在、未来。三种因素的相互关系及以什么方式同时间相关，从前的哲学家作出过自己的回答。

亚里士多德在《物理学》中，把时间的本性理解为前后运动的数，一种被数的数。它因先后不同而永不相同。"作为可数的前和后就是'现在'"。"'现在'是时间的一个环结，连结着过去的时间和将来的时间，它又是时间的一个限：将来时间的开始，过去时间的终结。"现在这个"已过时间的终点和将来时间的起点"，实质上被规定为一个时点。现在即时点、瞬间，所以是不可

---

12 《马太福音》5：43-48；《路加福音》6：27-36。

分的，不断变化着的。它作为限，虽然不是时间但属于时间。现在"一方面它是时间的一个潜能的分开者，一方面是两部分时间的限，是合一者。"[13]现在因为被当作时点或瞬间，所以，亚里士多德最终无法从现在来解答时间的本性。时间这种被数的数以什么样的方式同现在相关联，现在的限定力量的根据何在?这些问题因现在的时点性及变化性，不可能得到解答。因为，现在并不是瞬间，不是属于时间中的一个时点而是一个时段，是终极信仰的呈现之在。

奥古斯丁深明解答时间问题的难度，他说："时间究竟是什么? 没有人问我，我倒清楚，有人问我，我想说明，便茫然不解了。"[14]但是，他同时把时间分为过去的现在、现在的现在、将来的现在。过去之物通过回忆回到现在，未来借着期望来到现在，现在是"我"的注意、"我"的直接感觉。[15]"奥古斯丁在他的心理时间理论中，将过去、现在和将来诉诸于灵魂的感知。人类的精神透过回忆（*memoria*）而使过去活现在眼前，这是活现在眼前的过去。人类的精神透过期盼（*expectatio*）而使将来活现在眼前，这是活现在眼前的将来。人的精神透过凝视（*contuitus*）而使现在活现在眼前，这是眼前的现在。在人的精神中，过去和将来透过回忆和期盼而出现，这是不同时的同时性。在人的精神中，不再是的和尚未是的乃是透过回忆和期盼而出现，这是对缺席事物创造性的活现化。"[16]现在不是时间。时间是我的思想的伸展，是事物的印象。不过，伸展的思想和物的印象显然不是时间。把时间心理化，只表达了时间与人的关系，表达了人时关系中的时间。至于时间究竟是什么? 我们照旧"茫然不解"。

在关于时间的形而上学阐明及先验阐明中，康德把时间规定为先验的、感性直观的、内部的纯粹形式。时间先于一切经验被给与，在一切直观中先于一切表象被给与，它不是概念的而是纯粹直观的，不是外部的而是内部的

---

13 亚里士多德：《物理学》，张竹明译，北京：商务印书馆，1982 年，第 4 章 11、13 节，同时，其中的 10、12、14 节，第 6 章 1、3 节也和时间相关。关于亚里士多德把时间理解为时点的观点，又见路易·加迪等：《文化与时间》，杭州：浙江人民出版社，1988 年，第 183 页。

14 奥古斯丁：《忏悔录》，周士良译，北京：商务印书馆，1987 年，第 242 页，又参见 239-258 页。

15 关于时间与创造的关系，参见吴仁闽：《论奥古斯丁的时间观》，查常平主编：《人文艺术》，第 15 辑，上海：上海三联书店，2016 年，第 256-262 页。

16 莫尔特曼：《来临中的上帝》，曾念粤译，上海：上海三联书店，2006 年，第 270 页。

先验直观。作为内感官的形式，时间就是"对我们自己和我们的内部形态的直观的形式"。[17]一旦离开人类主观的意识，时间就不存在。这称为时间的先验观念性。不过，时间同时和各感官的对象、和意识经验的对象相关，这即是时间的经验实在性。

诚然，在康德的先验感性论中，时间先于经验被给与，但毕竟同经验和感性对象相关。何况，这种先验被给与的纯粹直观形式，还在根本上离不开人类感性直观的种种主观条件，离不开作为个别者而存在的直观者本身，离不开直观者的个别主观意识。这样，时间的先验性，只不过是直观主体的经验性。从个别的直观主体又如何给与时间的普遍必然性以确定性呢？

康德虽然企图从时间的先验性中给出它的超验性的基础，但由于将时间本有的超验性根据于个别的主观直观者，所以，他关于时间的超验性言说，的确只是一种经验水平上的先验性的言说，只不过是先于经验对象而不是先于经验主体的言说。时间就诞生在直观主体的被给与活动中。因此，康德并没有给出时间的超验基础，或普遍时间的根源，他仅仅把时间作为个别时间相中的心理时间来阐明。康德和奥古斯丁在探究时间时共同表现出了一种心理学倾向，尽管前者的阐明更多是哲学的。

黑格尔的时间理论，既发展了康德的先验时间论，又吸收了亚里士多德的时间即现在、现在即时点（瞬间）的瞬间时间论。

"作为己外存在的否定性统一，时间同样也是纯粹抽象的、观念的东西。时间是那种存在的时候不存在、不存在的时候存在的存在，是被直观的交易；这就是说，时间的各种确实完全瞬间的、即直接自我扬弃的差别，被规定为外在的、即毕竟对其自身外在的差别。"[18]这里，时间完全就是瞬间，是时点的交易。它产生、消逝，把无带向存在又把存在带向无。现在、将来和过去，无非是这种外在性的、差别性的交易本身。"这样的区别之直接消逝为个别性，就是作为此刻的现在，……此刻本身仅仅是从其存在到无和从无到其存在的这种消逝。"[19]"此刻的现在"，即存在与无互相交易的平台或界面。但现在相对过去、将来，又持有惊人的优先性：它是作为个别的现在而存在。"现在之

---

17 约翰·华特生编选：《康德哲学原著选读》，韦卓民译，北京：商务印书馆，1987年，第32页。

18 黑格尔：《自然哲学》，梁志学等译，北京：商务印书馆，1986年，第47页。

19 黑格尔：《自然哲学》，梁志学等译，第51页。

所以存在，仅仅是由于过去已不存在；反过来说，此刻的存在具有不存在的规定性，而且其存在的非存在就是将来；现在是这种否定的统一。为此刻所代替的存在的非存在，就是过去；包含在现在中的非存在的存在，就是将来。"[20]现在为存在与非存在交易、过渡的时点。时间绽出在作为时点的现在中。海德格尔指责黑格尔的这种以时间为现在、以现在为时点的领悟为流俗时间的领悟，其前提为："在现在的完满结构中，现在一直被敉平着、遮蔽着，以便能够被直观为现成事物，尽管它只是观念上的现成事物。"[21]

的确，在黑格尔的时间论中，现在占有绝对的统治地位，但这不是由现在本身造成的，而是由作为时点、作为现实性的空间点或作为被直观的交易所给与的，是由存在与无之间的交易活动所赋予的。现在在其瞬间的交易中，实际上没有被遮蔽敉平。黑格尔时间论的问题，不在于现在与观念上的现成事物的必然相关性，而在于将时间等同于现在、现在等同于时点或瞬间或交易本身的根据是否有必然的根据性。

按照黑格尔的时间论，时间在肯定意义上只能说"只有现在存在，这之前和这之后都不存在；但是，具体的现在是过去的结果，并且孕育着将来。所以，真正的现在是永恒性"。[22]过去是对将来的存在对现在的非存在，将来是对现在的非存在的存在。现在即为存在与非存在过渡的时点。既然是变易的时点，现在凭借瞬间的规定性何以给出自身的永恒性或时间的永恒性呢？黑格尔求助于康德关于时间的先验观念性的规定，进一步把时间规定为概念。"时间是外在的、被直观的、没有被自我所把握的纯粹的自我，是仅仅被直观的概念。"[23]"作为时间的时间是时间的概念，而时间的概念同任何一般概念一样，本身是永恒的东西，因而也就是绝对的现在。永恒性不是将要存在，也不是曾经存在，而是永远现实存在着。"[24]因为概念支配着时间而不受时间支配，所以，在概念中的时间是永恒的。时间作为时间的概念而永恒，因为概念是永恒的。很明显，黑格尔关于时间的现在性、现在的瞬间性的承诺的

---

20 黑格尔：《自然哲学》，梁志学等译，第 54 页。

21 海德格尔：《存在与时间》，陈嘉映、王庆节译，北京：生活·读书·新知三联书店，1987 年，第 505 页。

22 黑格尔：《自然哲学》，梁志学等译，第 54 页。

23 黑格尔：《精神现象学》，下卷，贺麟、王玖兴译，北京：商务印书馆，1983 年，第 268 页。

24 黑格尔：《自然哲学》，梁志学等译，第 50 页。

绝对性，依据于作为概念的绝对理念本身。难怪海德格尔称黑格尔的现在一直被直观为观念上的现成事物，一种概念的产物。

黑格尔的时间论，只是一种"过渡"理论。它从时间过渡到现在、从现在过渡到瞬间，最后以概念承诺时间的永恒性。另外，时间是存在过渡为不存在、不存在过渡为存在的时点、瞬间的界面。不过，承诺概念的承诺者，永远是背靠着普遍时间的个别承诺者，是作为生存于有限时段中的个体生命，即便声称这种概念是绝对的、永恒的，但个别承诺者无法取代终极差别给出普遍时间的普遍性。所以，黑格尔的时间论，仅仅是关于心理时间如何在意识中、在概念中生成而不是关于时间本身如何生成的学说。在这点上，它和康德的时间论一样是观念论的。

关于时间的一般陈述

在希腊语中有两个表示时间的词，一是 kairos，一是 chronos。前者指时间的质，后者指时间的量；前者代表一固定的、为行动而设立的时点；后者内含时间的绵延。这种绵延也许为一个时点，一个时期或一段时段。由此看来，时间的涵义，将从时点和时段两方面得到规定。当有人将时间理解为瞬间的时候，他是从时点的角度看时间，但这并不排斥时间的时段涵义。当然，时段并非时点的简单延续或组合，一个时点和另一个时点的差别，乃是一种时间质的差别，其标志在于在该时点发生的历史事件的唯一性。而历史事件的发生，离不开人的心理的、观念的因素。这或许是奥古斯丁从心理方面解释时间的原因，也是康德、黑格尔从观念论方面阐明时间的理由。亚里士多德将时间理解为纯粹的数，但这种数一旦远离了人的参与所形成的事件，我们将无法把作为时间的数和一般的数相差别。今天的零点和昨天的不同，仅仅是由于在两个时点中发生的历史事件的不同，仅仅是这种发生的历史事件所依靠的终极信仰的差异。

时间除了时点和时段两个方面的规定性之外，还有现在、过去、未来三因素。它们标明时间的相对刻度。其实，只要不是现在中的现在，就可能是过去或未来。过去是呈现过的肯定性的现在，未来是还未到来的否定性的现在，现在是在呈现着的现在。现在根本不是一个时点而是一个时段，是一个介于过去和未来之间的时段。过去和未来都以现在为基点，过去远离现在而去，未来面向现在而来，但要注意的是我们不能因此得出时间的向度是从未来经由现在到达过去的，因为没有到来的未来和正在过去的过去，既无起点又无终点。无论过去还是未来，都离不开现在。只有现在在我们中。我们也是借着现在之在去深入过去与未来。只有把现在和人在历史中的生存性活动关联起来，人才可能对时间有所领悟和把握。

"现在：在历史的时间中，我们可以区分时态。以现在为准，可区分成之前的和之后的、将来和过去。那么我们便将现在理解成时间上的一个时间点，它既区分又联系过去和将来。这个时间点本身并非'时间区'，没有时间的延伸，而是数学的点（*punctum mathematicum*）。现在既是会改变的，因为这个时间点和时间一起成为过去，它亦是不会改变的，因为它总是同样的。现在在将来和过去间是一种时间上的关系，现在对将来和对过去则是一种同时的关系。因为现在的时间点区别了过去和将来的时间，并且也建构过去和将来的时间，因此，现在是时间的结束和开始。

作为时间建构性范畴的现在的此时此地（*hic et nunc*）是永恒的范畴，它造就了时间的统一性。'现在'是'存在中永恒的结果'，正如临在的神性一瞬间里的神秘体验所说的：现在即永恒（*nunc aeternum*）。虽然现在以数学的方式被化约成时间线上的时间点，可是它在本体论上却是存有中标示的时间。只有现在的，才在存在论的意义中。将来的是尚未来到的，过去的是不再是的。将来和过去是非存有的范畴，只有现在是存有的范畴。我们只凭借活现在眼前的追忆来理解不再存在的过去，我们只凭借活现在眼前的期盼来理解尚未来到的将来。这两者都是间接的存有形式。只有现在能够当作直接的此在来经历。现在是时间真正的奥秘。

——现在建构、区分并联系过去和未来。

——现在是过去和将来的共时性。

——现在是尚未存在和不再存在间的存有。

——现在是时间中永恒的范畴：一瞬间是'永恒的原子'。"[25]

时间与历史的关系

那么，现在之在在何处呢？现在从何处获取自己的在性呢？此问把我们引向时间与历史的关系的言说。如果在一段时段中只有在呈现着的现在而无

25 莫尔特曼：《来临中的上帝》，曾念粤译，上海：上海三联书店，2006年，第267-268页。

作为个别事件的历史的介入，我们如何区别现在的现在与过去的现在或未来的现在呢？历史在词源上的“探究”涵义，表明历史是借着探究者在时间中出场的，而探究者的终极信仰，正好成为时间中的现在呈现的根本内容和保证。终极信仰在现在中呈现于不同的对象，生成时间历史论中的不同的时段。这种呈现本身所生成的事件，乃是历史性的。所以，历史和时间，实质上在相互给出一种刻度。它们彼此为对方承诺个别性的标志。我们能够利用公元时间观来为世界的历史清理出有序化的过程，恰恰是因为这种时间观最为本质地同终极个别性的耶稣基督的灵生与复活事件相连。从公元时间观与耶稣基督的相关性中，我们从根本上看到了时间和历史在个别性上的内在相关性。

然而，时间和历史的内在相关性，并不能阻止我们分别对时间的时间性、历史的历史性的言说。并且，只有从这种具体的言说中，我们才能找到它们的相关性的内容。

在阐明历史的历史性之前，我们必须探究时间的时间性。因为历史在时间中展开，时间由过去、现在、未来构成。三者的总和并不等于时间。人类在历史中关于这三元的根源性的不同设定，出现了相异的时间观。根据时间根源性的真伪，时间观可分为伪真时间观和本真时间观。伪真时间观给出时间的伪根源和伪历史，本真时间观给出时间的本真根源和本真的历史。

时间观的伪真形式，区别于时间的伪真形式。在终极意义上，不存在伪真的时间只有在人的心灵中存在时间的伪真理论或伪真观念。这即是伪真时间观。

伪真时间观，以伪的方式展开时间的本真性。它将时间中的现在性空化，使现在成为一个时点，一个被过去、未来交替洗劫的场所。不过，没有现在性的时间，哪里有时间的时间性呢？没有时间性的时间，哪能给出时间的伪真形式呢？所以，伪真时间观，只是人关于时间的一种伪观念或伪理论。它源于人对时间的根源性遗忘，源于人对时间中的现在之维的遗忘。

第一章　历史世界中的伪真时间观

历史世界是由过去存在过、现在存在着、未来存在的人所创造的文化传统。因此，它是人类而不是个人活动的场所，是人类作为一个类远离自然走向神圣留下的痕迹。人类在打开自己的历史性中，首先把自己放在时间的现在性中。由于对这种现在性的遗忘，于是有所谓的伪真时间观形式——过去时间观与未来时间观。

第一节　过去时间观

过去成为时间的起点

近年来，不少学者都在倡导重新阅读中国古代和西方古典时期的经典，其时间观的依据就是这里所说的"过去时间观"。它包含在刘小枫理解文明的时间观的如下言说中："百年来，虽然无数学人致力于认识西方文明，但学人们更多关注的是现代的而非古典的西方文明形态。即便我们了解了西方的现代文明，也并不等于我们理解了西方的古典文明；倘若不了解西方的古典文明，我们未必能透彻了解西方的现代文明——没有透彻了解西方的整个文明形态，对中国文明的精神处境及其命运的把握，恐怕不会通透。"[1]在这段言说的推理中，西方的古典文明与现代文明之间在时间上存在着某种连续性，了解西方的古典文明是我们透彻了解西方现代文明的必要条件，虽然不是充要条件。换言之，时间的过去决定着时间的现在以至于未来（即我们"对中国

---

[1] 参见刘小枫：《这一代人的怕和爱》，北京：华夏出版社，2007年，第145页。

文明的精神处境及其命运的把握")²。

过去时间观，把时间的根源设定在过去上。在时间的三元中，过去成为时间的根本元。过去以正在远离现在的过去而不是现在为起点，由此以后向过去无限延伸。过去就是在这种游荡不定的过去中似乎呈现出自己的根基。它统领、席卷着、包裹着现在、未来走向过去。现在正在过去，未来将要过去。

这样，在人类历史中，没有什么是永恒的对象，除了过去在去而外；没有什么是终极的东西，只有过去在向人类言说着过去。已经远离我们的经验，对活人最有历史性；越远离当下生活的生活，越享有生活的价值。人反正在时间中是过去传统的产物终究要过去、从历史地平线上消失，即使有不屈的反抗，也无非是从一个过去走到另一个过去，从一种过去走向另一种过去，去一个没有现在性的人生活的世界，一个没有终极信仰临在的无明的世界。无论是三王之世还是上古之世，都不如之前的过去之世。

当人类把追寻过去的根源回溯到历史中的某个时点的时候，历史图景³中最终消失了人类的痕迹。过去时间观的逻辑，设定那时人还没有出现，世界由无意义之物构成。在这种对过去作为时间本源的无限向往中，人物化了，最终也必将虚无化。

人的物化

人的物化对个体而言即人的肉体化，对人类而言是人关于世界的事实性认定。在抱有过去时间观的人中，肉体生命的生存延续成为他们生活的全部

---

2 关于这种时间观的价值论前提，刘小枫本人一度提出过尖锐的质疑："如果在历史文化的土壤深处是一茎腐烂的根，我们是否必得去寻求？根的历史原初性是否就是绝对价值的根据？如果在历史文化的原初形态中包含着谎骗的力量、命定的无用性、形形色色的伪善、疾病、死亡，我们也应该'认同'？历史文化的原初形态凭什么要求我们把其本性可能倾向的犯错误的全部痛苦事实接受下来？凭什么说，只要是原初性的文化形态，就肯定真实、可靠？谁赋予原初的文化形态以绝对价值所拥有的权利？……'寻根'和'认同'的说法，基于一种精神的主观性，这种主观性听任历史的偶然摆布，由历史无常造成的人的精神命运最终又被抛掷回给无常。"（刘小枫：《拯救与逍遥》，上海：上海三联书店，2001年修订本，第16页。）遗憾的是，由于没有在根本上从三一上帝中寻求终极信仰的依据，刘小枫在20世纪二十年的言述，成为了对于他在20世纪90年代的肯定的否定。这也是20世纪大部分思想者未能摆脱的宿命。但愿他能够在更高的层面回归，从这种肯定的否定中升华为否定的肯定！

3 历史图景，指事物包括任何观念呈现在历史中的系列状态。

主题。物质的物质性、生物的生长性、动物的生存性，代替了人的全部人性。像物质一样冷漠地在，像生物一样自然地生长，像动物一样本能地生存，这就是人的存在。人物理化为无我的物质，生命化为生长的生物，生理化为食性的动物。因此，非人的、动物式的生活才是最赋有人性的生活。

至于外在的自然世界，由天地阴阳气之类的事实性在者组成。它因为人的肉体为了人的肉体而在，为人的肉体的存活提供超越有限时空的更为广阔的场所与希望。即使个人的肉体过去了，但作为肉体栖居的自然界没有过去、依然为那些还在努力存活的人给出实在的承诺。人从事实世界中来又回归于事实世界，是与之合一同体的肉体生存物。在人的肉体之上还是肉体生命生存延续的理想。人拒绝终极信仰的提升，拒绝神圣价值的召唤。相反，他甚至反感超越肉体生命，厌恶在超越中存活的同类，厌恶那些以意识生命、精神生命、文化生命为理想人生形象的存在者。人的胃转化为人守护献身的神。[4]

人的肉体性即自然世界的物性。人的身体是自然物质的一部分。时间在过去的虚无化磨灭了人与物的边界。这种"肉体生命源于虚无地平线回归虚无地平线，将人的逻辑虚无化。虚无化的肉体生命背靠虚无化的逻辑价值，以颠倒世界图景为生存目的，肉体生命在这种颠倒行为中把自己推向逻辑的宝座。以肉体生命的事实有限性承诺逻辑的起源，即以肉体生命的生存为逻辑，以肉体生命的生存为逻辑的价值指向。于是，在世界图景中，除了肉体生命的生存外，还是生存着的肉体生命，这即是以肉体生命的生存为主题的世界图景。广大无边的虚无吞没了逻辑，在夜中夜以继夜享受夜的统治。在夜中，世界之物的边界消逝。一切以夜为边界，以肉体生命的活动为最高边界。肉体生命在相接的地方设定自己的虚拟边界。绝对边界远离世界图景，导致绝对差别的远离。没有绝对差别的肉体生命，因而也没有绝对的关联。世界之物既无自身又无对象。"[5]这样的世界中的肉体生命，代替了人的存在的全部规定性，代替了人作为意识生命、精神生命、文化生命的存在规定性；其生存延续的活动，驱逐了人的存在的形上的、艺术的、宗教的活动，进而将自己的生存延续活动形上化、艺术化、宗教化，形成一种以人的肉体生命的生存为核心内容的历史传统。

4　《腓立比书》3：19。
5　查常平：《日本历史的逻辑》，成都：四川人民出版社，1995年，第8-9页。

历史虚无主义的根源一

人在过去中设定时间的本源倾向，迫使人最终陷入历史虚无主义。过去终究过去且还在过去着，过去在物界后的虚无中呈现。过去的过去性，永远在过去中不断呈现。过去的虚无化，致使以过去为本源的时间的虚无化，虚无化的时间使历史虚无化。这在观念形态上即历史虚无主义，在物质形态上使人摧毁任何历史遗迹。人的物化不具有任何独立的价值。消失在远去的虚无地平线中，这成为人生的最高目的。

但是，人不可能在绝对虚无中即死亡状态中[6]投奔虚无的过去。在神往过去之途中，人的肉体没有虚无化。人虽然麻木于肉体的超越性存在意向却拥有肉体的存在，并且自觉到人就是肉体的存在。于是，伪死与伪活便构成虚无主义人生的命运。人伪死于虚无的过去、伪活于实在的物界，乃至渐渐对外在的自然麻木不仁。这里，历史虚无主义与历史实在主义合一了。从历史虚无中退回到世俗的以肉体生存延续为内容的日常生活，这是人唯一的选择。人对外在自然界的事实性的辨护，乃是对内在自然界——肉体生存的合理性言说。

过去时间观，是历史虚无主义的根源之一，同时是历史实在主义的温床。这种虚无主义，在历史地平线上为历史实在主义给出遥远无尽的承诺，因而是最空洞的承诺。对生存着的人而言，它恰恰是最充实的承诺，因为无限定本身给与限定者选择存在的自由。这个存在，就是人作为肉体生命的生存延续。当理想的过去在过去的历史中化为乌有，还有什么比转向于持守肉体生命的生存延续更具有直接的、实在的超越性呢？当人"逍遥游"无法穿越历史的迷雾时，还有什么比返回"人间世"以实现"养生主"更现实呢？

第二节　过去时间观的非时间性

过去时间观的终极根据

过去时间观，把时间的根源设定在过去之中，并从不断远离当下的过去中给出现在、未来的存在。由于过去是作为动词的在过去中[7]的过去，因而，

6　因为，"那白天黑夜都敞开的／大门，就是死亡／……而死亡是世间运行不息／并把每一个人当作停靠站的／那辆公共汽车的门／你只能上去一次"。（参见诗歌《门（外二首）》，树才：《春天没有方向》，南京：译林出版社，2018 年，第 95 页。）

7　这里，"在过去中"作为动名词使用。

过去成为时间的起源，意味着时间本身的消失，意味着时间自身的无源。时间消失在过去的时间中，历史消失在消失了的时间中。时间的虚无化的结果，必然是历史的虚无化。虚无的历史留给人类的，是人的肉体的生存、人的物化对象的存在。这两种存在物构成实在世界的对象。在这个意义上，历史虚无化即历史的实在化。这样，历史学以叙述肉体生命如何在自然界生存延续为使命。在过去时间观的统治下，它沦为记录肉体生命如何在自然界中生存的事实史学。

　　过去时间观在文化传统中的出现，虽然反应了人类追问时间的起源、历史的起源的意向，但这种意向不一定有本真的依据与结果。何况，过去时间观在最低层次上，只是人关于时间起源的设定。作为设定的对象，其设定的绝对性基于设定者对过去作为时间之源的相信。设定者相信过去是时间中的现在、未来的给与者，相信现在是过去呈现之在、未来是过去向着自身的到来。可是，设定者的相信的终极性，在他所相信的过去中并没有被给与，甚至在他所相信的过去中不断被带走了。换言之，不是设定者相信的对象给出了他的相信态度的终极性，而是设定者本身的终极信仰承诺了他的所信对象的终极性。

　　设定者在其终极信仰的呈现之在中，设定过去是时间的本源。在绝对性的意义上，设定者不可能以过去之在进入过去的过去性中，而是以过去的现在——设定者当下的终极信仰呈现之在——展开过去的过去性。过去从现在过去，这是过去无法摆脱的命定处境。[8]纵然过去在现象上是在过去中过去，但由此呈现出的现在仅仅是被忘却了。在过去开启自己的过去性中，现在之元虽然缺席，却不等于不临在于时间中。当设定者设定过去的某个时点为时间的起源时，设定者当下的现在——设定者信仰的终极对象呈现的在——依旧在场。因此，过去时间观，是一种伪真的时间观。它磨灭设定者的现在成全过去的绝对终极性。设定者的肉体生存在观念形态上可以抹去，但依然临在于设定者本身。换言之，设定者的肉体生存代替了他的终极信仰的临在，代替了他的现在性。设定者的现在，即他的肉体生命在自然世界中的临在。

8　"'过去过去过去……过不去过不去过不去……' / 有个人念念有词—— 这个苦恼的人正走在幸福大街上。/ 过去它肯定能过去，但这个人的脑门太窄了。/ 他还在跟自己过不去，而他的过去早过去了。"（参见诗歌《过去》，树才：《春天没有方向》，南京：译林出版社，2018 年，第 43 页。）"这个苦恼的人"，依然是在"现在"跟自己的过去过不去，但他的那些过不去的东西早已从他的"现在"面前过去了。

过去的现在性

另一方面，过去是从设定者的现在而去，是从设定者当下的终极信仰呈现之在的地方而去。过去在遗忘设定者的临在中给出时间本源的不可能性，这暗示了设定者在自我遗忘中的存在，暗示了时间中的过去之元的现在性本质。过去以现在为本源而不是以自身为本源。过去从现在而去，正是过去带着终极信仰的临在而去，是一种伪终极信仰被终极信仰取代的进程。从现在去，即跟从终极信仰的临在走向过去的文化传统，在其中敞明过去的现在性、过去对现在所信仰的终极信仰的跟从。由此可知，过去构成时间的本源只有伪真的事实性而不具有本真的可能性。以终极信仰呈现之在为规定性的现在，才是过去的过去性和时间本源、历史本源的给与者。只要设定者相信终极信仰的临在，只要设定者诚实地立足于现在，他就能洞穿过去时间观的伪真性。尽管他现在相信的终极信仰有可能是一种次终极的信仰，但他一定信誓旦旦地确信自己所信的这种次终极的信仰为终极信仰本身。

过去时间观的起源

说到伪真的过去时间观的起源问题，我想是因为设定者遗忘时间中的现在性的规定性所致。在过去时间观中，设定者没有把现在理解为终极信仰呈现之在，而是将之规定为物化的事实性在者。难怪无论过去时间观的设定者还是这种观念的信仰者，都把赴身于事实性的俗世生活本身——一种以肉体生命的生存延续为中心的生活——当作终极信仰的生活。他们遗忘了时间的现在性根源于在上的终极信仰的临在，遗忘了自己作为终极信仰的召唤对象。这最终导致人对自身的遗忘。人在物化的生活中、在把自己动物化的生活中忘记了自己作为人的生活。

回忆与感伤

人遗忘现在相信过去是时间的本源，那么，过去发生的一切在人生中和在人类文明中便成为根本的守护对象。人在遗忘现在中回忆过去、感伤过去的虚无化。回忆、感伤在信仰过去时间观的文化传统中，成为其文学艺术的基本主题。不仅感伤人生的有限性而且感伤历史的虚无性，不仅回忆有限人生的辉煌而且回忆有限历史的荣耀。基于过去时间观所导致的历史虚无主义，回忆者在回忆过去中虚度了人生，感伤者在感伤过去中更加感伤。两种心理效应，并未在终极意义上使人明白人生有限性的根源和历史虚无化的究竟。正是感伤者对终极信仰呈现之在的遗忘和无视，才给与回忆、感伤以永恒的魍魉魑魅的魅力。

回忆与感伤，是过去时间观的心理效应。

不过，值得我们反思的是：为什么基督教的回忆却始终同盼望相联系？其原因在于：基督徒总是生活在基督过去的受难与未来的再临之间，他们通过经常性的圣餐来回忆过去基督的受难并盼望他的再临。他们虽然生活在"这个世代"，其生命的根基却在"另一世代"，在在上的复活的基督中。"鉴于致命的世界性危难，基督教的回忆使得基督的死活现在恐怖末日论的向度中，目的是为了从他死里复活中得出'对来世生命'的盼望，并且从他重生成永恒的生命中截取'宇宙重生'的盼望。对基督复活的回忆使得我们——正如印度文中的'盼望'的意涵——'目光穿透地平线'，穿透自身的死亡层次而进入永生的广阔空间，穿透世界终局的层面而进入上帝的新世界。那么，由这个盼望而来的生命便意味着：不靠眼见，不从历史来看公义与和平的上帝新世界的成功远景，而在此时此地相应地行动。这必须欣然地'放弃吓阻体系的精神、逻辑和实践'以及一切其他的大规模毁灭体系。鉴于一切生物无法避免的死亡，这意味着一种对生命无条件的肯定。这是路德关于'苹果树苗'的传奇性话语——如果他晓得，明天世界要毁灭，他还是会种下它的——的深层意义。"[9]因为，路德深知他的"今天"和"明天"已经植根于以基督耶稣为王的永恒国度中。

第三节　未来时间观

未来成为时间的起点

"时间现在和时间过去　也许都存在于时间将来，时间将来包容于时间过去。／如果时间永远都是现在，所有的时间都不能得到拯救。／那本来可能发生的事是一种抽象，始终只是在一个思辨的世界中　一种永恒的可能性。"[10]这是一种基于未来的典型时间观。"思辨的世界""永恒的可能性"，只是其中的表征。

9　莫尔特曼：《来临中的上帝》，曾念粤译，上海：上海三联书店，2006年，第220-221页。

10　参见诗歌《四个四重奏》，T.S.艾略特：《四个四重奏：艾略特诗选》，裘小龙译，南京：译林出版社，2017年，第187-188页。

历史世界中的伪真时间观的第二种形式，是未来时间观。未来时间观在先假定未来相对现在、过去的绝对性和未来之元在时间中的本源性地位。未来给出现在的现在性，给出过去何以过去的座标。在未来时间观中，时间从未来开始自己的存在，经历现在到达过去。未来，并不是没有到来的将来的某个时点，而是在观念中、在人的设定中已经到来的比现在更具有实在性的时点。正是具有这种观念实在性的本质，未来才在时间中、在由一个个理想构成的历史阐释中、在种种乌托邦的幻想中承诺了现在对人类的意义。现在、过去是未来的手段，是未来某个时点所预定的结局。个人的生存、人类的存在共同沦为未来的附庸。抛弃现在和过去的一切迎接未来，便是未来时间观的设定者的希望和理想。远离现在的人生，否定过去人类的文化传统，成为未来时间观必然的价值走向。这就是为什么20世纪人类在乌托邦的共产主义社会实验中一度对文化传统采取了极端的否定态度的根本原因。

如果说过去时间观给人类设定的相对实在世界是事实经验构成的文化传统，那么未来时间观设定的就是一个虚拟的幻想乌托邦。它在情感上给人有限安慰，它使人忘却现在的不幸与苦难。本来，在人类历史上，能够给人终极安慰的对象除了上帝没有其他异物。因为，上帝等于终极安慰本身。[11]这种安慰在未来时间观中，通过观念上的设定获得实在性。或者说，祂是一种观念实在性的对象体。于是，被设定的上帝注入了设定者的观念性，上帝（神）人化了。"所谓神的人化，并不是神想成为人而是人为了成为神伪造的关于神的行为。受逻辑的伪起源论的唆使，人为了完成自己的神化本质，只好先把神接到人能够起跑的地平线，给与神以人的形象人的特性。只有这样，人才能真正踏上神化的征途。假如没有人化的神而是神化的神，那么，人的神化就变成真正的神话。"[12]人的神化就在根本上不可能了。

上帝的人化

在相对时段内，上帝的人化即祂的生理化、社会化、历史化。

上帝的生理化，表明上帝是和人及其生存背景一样的肉体性的生存者。事实性的世界与肉体性的人生，共同构成上帝的身体。上帝的终极性、永恒

---

11 耶稣基督向父神祈求赐与人以保惠师（或译安慰者、帮助者），这就是圣灵。由于圣灵是上帝的位格之一，因此祂的安慰也是上帝的安慰。《约翰福音》14: 15-17。

12 查常平：《日本历史的逻辑》，成都：四川人民出版社，1995年，第13页。

性、无限性、万能性，降格为人的人性，受到人性的规定。上帝的人化，使万能的上帝给与人以万能的力量，无限的上帝带给人无限的希望，永恒的上帝引导人走向永恒，终极的上帝为人提供终极的背靠。人与上帝之间取消了作为中保的十字架的耶稣基督，上帝向人过渡为有限的事实性在者。这种思想对象化于人的大脑里，就是在不承认终极的上帝的国度那里，人们普遍存在着上帝是人的观念的产物的思想，上帝只是人的观念的投射。人和上帝的边界因上帝的人化逝去在虚无中。

上帝的社会化，意味着上帝仅仅是相关性的而不是自在永在的存在。在逻辑上，仅仅具有相关性的上帝使上帝不再拥有终极性。无终极性的上帝，只会将上帝的神性观念化、有限化，使上帝的自足性沦为观念的自足性。这种上帝的相关性降临于人间社会，为人的相关性存在设定观念上的终极依据。上帝的神性由人的社会性取代。但是，在上帝的社会化社会中，神格的社会化将带来人格在价值上的空洞化乃至奴化。人的社会性由此以人的血缘相关性为内容。人的这种血缘相关性是延伸着的自然性。不过，基督信仰的上帝，既是三个位格之间绝对差别的、公义的上帝，又是它们绝对相关的慈爱的上帝。我们在这里批评的是仅仅把上帝看成相关性的言说。

上帝与人相关，上帝的自在性即人的社会性的自足性。

在上帝的社会化后，是上帝的历史化的可能性。人类的历史，并不是人类在现在信仰终极信仰本身的历史，更不是终极信仰临在于现在浸透、绵延于过去、未来的时间中的历史，而是等候终极信仰出现的历史。因此，依据未来时间观的上帝的历史化观念，就把人类的历史解释为期待的历史。期待者在幻想的未来中期待未来的到来。

在绝对时段内，上帝的人化，实质上是上帝的虚无化，是"最高的诸价值正丧失价值"。[13]"这种价值丧失的原因是'这样一个洞见，即我们没有丝毫的理由可以假定一个彼岸，或一个万物中的'本身'（in itself），即神圣的、人里面的道德。'这个论断与那个关于神死了的论断联合起来考虑，就证实了海德格尔的论点：'神的名字与基督教的神在尼采的思想中是用于指总体上的超越的（超－感觉）世界。神是理念与理想之领域的名字'（《林中路》[Holzwege]，页 199）。由于价值的任何支撑都只能来源于这个领域，这个领域的消失，即'神的死亡'，不仅意味着最高价值的真正贬值，而且也意味着

---

13 尼采：《强力意志》，伦敦，1924 年，第 8 页。

强制性价值之可能性的丧失。再一次引用海德格尔对尼采的解释：'『神死了』这句话的意思是，超验世界没有影响力。'（《林中路》，页 200）"[14]欧洲的虚无主义露出水面，尼采阶段的处境为："意义不再是有待发现的，而是被'赋予'的。价值不再被视为客观实在，而是被设想为评价产物。作为意志的功能，目的完全是属于自己的创造物。意志取代了洞察，行为的暂时性驱逐了'自在之善'的永恒性。"[15]在西方思想的传统中，超验的世界，却是由建立在原初观念基础之上的形而上学给予的。[16]而当观念的承诺以未来的时点为根基的时候，这将使承诺本身失去根基。因为，未来在终极意义上是一种无限远来的运动。它没有边界，没有现实的可能性。承诺在承受者的期待中虚无化了。何况期待者在未来时间观中生存在无现在性的时间中。期待者离开了现在在未来中期待，离开了现在之上的终极信仰。

历史虚无主义的根源二

　　未来时间观在先预设未来在时间中相对现在、过去的根源性，在绝对时段内导向的是历史虚无主义。只要从时间中抽出现在之元，过去、未来之元便没有终极的自在性。所不同的是，过去时间观内含的历史虚无主义，是一种实在虚无主义；未来时间观包含的虚无主义，是一种理想虚无主义。[17]前者

---

14 汉斯·约纳斯：《诺斯替宗教》，张新樟译，上海：上海三联书店，2006 年，第306-307 页。

15 汉斯·约纳斯：《诺斯替宗教》，张新樟译，上海：上海三联书店，2006 年，第298 页。

16 超验世界的另一个传统，即古典晚期出现的诺斯替主义。诺斯替的超验，"不同于柏拉图主义的'可理解世界'，或犹太教的世界之主（world lord），他与可感觉世界没有任何肯定的关系。他不是这个世界的本质或原因，而是对它的否定与取消。诺斯替的神，不同于德穆革，是一个完全不同者、他者、未知者。正如他的内在于人的对应物，反宇宙的自我或普纽玛（pneuma）那样，其隐藏的本质只有在异在性、非身份性与不可名状的自由等否定性体验中揭示出来；这个神的概念，也更是一个虚无（nihil）而不是一个实有（ens）。撤出了与这个世界之任何正式关系的超验，那它就等同于一个丧失了效力的超验。换言之，就人与其周遭实在之关系的任何目的而言，这个隐藏的神是一个虚无主义的概念：没有规范从他那里流溢出来，也没有自然的律法以及作为自然秩序之一部分的人的行为的律法从他那里流溢出来"。参见汉斯·约纳斯：《诺斯替宗教》，张新樟译，上海：上海三联书店，2006 年，第307 页。个别译文据原文有改动，See Hans Jonas, *The Gnostic Religion*, Boston: Beacon Press, 1963, p.332.

17 这里主要从根源上区分虚无主义。刘小枫从现象上把它分为形式虚无主义和实质虚无主义。参见刘小枫：《走向十字架的真》，上海：上海三联书店，1994 年，第369 页注〔18〕。

将实存的人生退向虚无，后者把实存的人生投向虚无；前者以虚无为实在的本质，后者以虚无为理想的动力。

理想虚无主义与实在虚无主义的共同点在于：两者承诺了人生的虚无性。可是，无论什么样的虚无主义者，他至少要生存着谈论虚无主义。于是，虚无主义将人的精神性的虚无化的结果，是人的生存性的非虚无化。由于理想在未来时间观中和实在在过去时间观中都不是终极信仰呈现之在，理想和实在一同丧失了终极信仰的承诺，那么，人在信仰虚无中回归现实的生存本身便成为人的唯一取向。这是未来时间观中的理想主义者在理想破灭后沉沦于世俗生活的原因，也是过去时间观中的实在主义者循环返回有限时段中的文化传统的根由。事实上，在这种文化传统及虚拟期望中，根本没有人作为人存在的理想与现实。相反，只有人异化为非人的现实和理想。

第四节　未来时间观的非时间性

未来时间观的终极根据

未来时间观，把时间的起点预设在向现在而来的未来上。这种漂移的起点，给人以不确定感。但对设定者言，他永远都是在现在中设定着未来的到来，他不可能越过现在直接把未来带出。未来向现在而来，否则，它便失去了存在的方向性。这个向现在而来的未来，已经向现在敞明着，属于现在的一部分，即未来的现在性。未来时间观的终极根据，是在未来所向的现在中而非其自身中。离开现在纯粹未来的未来，只能为现在中的人给出无限延迟的幻想与期待。未来时间观，是人关于时间起源的幻觉论。人在未来时间观中，似乎能够远离现在、抛弃终极信仰呈现之在、预设终极信仰。其结果是上帝的人化和虚无化。人化与虚无化的上帝，使期待中的人丧失了终极性的背靠。期待者在期待中失去了最终的期待对象。

期待者在未来时间观中期待永不在场之物。既然期待之物永不在场、永远在从现在中过去且永远没有到来，那么，期待者实际上就是在期待绝望或绝望地期待。如此的期待者，只能是一个活着的死者，一个在活着中期待活得更好的人。

理想虚无主义，在有限时段内承诺给人的理想在无限的未来中（无限时段），导致了这种承诺的虚无性。上帝的人化，不仅没有保证上帝不被世俗化反而使上帝的世俗化成为可能，不仅没有给与上帝以实在性反而把祂引向虚无化的命运。上帝的虚无化，源于未来时间观的伪真性。未来时间观尽管远离了现在，但它没有远离在未来幻想终极信仰的自由。如果失去这种自由，未来时间观作为一种观念将不可能。

未来的现在性

未来时间观的主体，遗忘了自身的现在性和终极信仰呈现在幻觉中的当下之在。人忘记自己是在终极信仰呈现之在中期待未来的到来，他错误地以为临在于自身之上的终极信仰位于将来的某个延迟的时点上。这样，对终极信仰临在的忘却，导致对终极信仰本身的忘却。人对未来的期待转化为对虚无的期待，转化为对非终极信仰的期待，转化为以次终极信仰代替终极信仰的期待。

不过，即使在期待者对未来的期待中，我们也能看到时间中的现在与未来的相关性。期待者无论怎样声称是在未来中期待，他立足于现在在声称。尽管他企图以未来统治现在、过去，但现在的不可超越性迫使他在有限时段内返归现在。他在现在中无视现在之上的终极信仰，但终极信仰毕竟依然在现在之上向人发出信仰的呼唤。对期待者言，现在被遗忘却潜在于他的期待活动中。

未来时间观的起源

期待者被遗忘的现在性，无意识地把终极信仰的终极性赋与给在期待中的未来。这是未来时间观出现在人类文明史上的原因。至少，是被遗忘的现在，规定着未来的现在性。从这种被规定性中，呈现有未来时间观承诺的未来的本真性。未来的终极性，在时间中取决于现在之上的终极信仰的终极性。未来向现在而来，恰恰是现在向未来而去的相反运动。

幻想与期待

在未来时间观中，期待者遗忘现在只能对未来有幻想、期待的心理反应。现在在时间中已经丧失自足性，现在中的人当然不能没有幻想地生活，他会幻想未来的早日到来，期待未来的实现。

另一方面，莫尔特曼从叙述与想象的角度来理解终末论的过去与将来："与那个将来的关系绝非透过叙述，而实质上是透过想象的提前实现，因为它尚未实现。有关最终的将来的叙述并不存在，有的只是上帝的应许和人的期盼。然而，正如过去当中有将来，将来当中亦可能有过去才对。难道我们不能一幕幕地表述在将来当中所要逝去的？难道基督教针对上帝公义得胜的盼望不能'叙述'不义和死亡权势的逝去？无论如何，恐怖末日论者将巴比伦的败亡、不义和暴力充斥的世界的毁灭表述成'快成的事'。就连对尚未发生之事的期待也是一种以过去的时态所做的期待，即对那些必然成为过去之事的期待。我们在此必须区分：否定的否定可以叙述：带着恐怖的终局终止了此时此地所经历到的无尽恐怖。肯定的肯定：所期待的是新天新地以及天上的耶路撒冷，它们的基础是所经历到的天地间美好的创造，以及上帝在耶路撒冷赐福的临在，而且扩大到崭新的和无法想象的境界。这是一种期盼，它的时态是回忆的将来，即实现的创造应许和历史应许。"[18]

---

18 莫尔特曼：《来临中的上帝》，曾念粤译，上海：上海三联书店，2006年，第131页。

第二章　历史世界中的本真时间观

　　无论过去时间观还是未来时间观，由于在时间中抽取了现在的根源性，其结果导致历史所依存的现在的消失而走向虚无主义。过去时间观从人的物化开始以人的虚无化为终结，未来时间观从上帝的人化开始以上帝的虚无化为终结。人与上帝的虚无化，对人言是因为人在现在遗忘了现在之上的终极信仰，对上帝言是因为现在之上的终极信仰降格在与事实性的人同等的地平线上。在这两种时间观中，人被剥夺了作为人的尊严，失去了来自上帝的神圣关切。人如果不在现在之中信仰上帝，上帝如果不在现在之中看顾人，现在如果不在时间之中拥有根源性的地位，历史必然就是虚无主义的历史。

　　从过去时间观与未来时间观的非时间性中，我们揭示了过去、未来对时间的非本源性。过去时间观的设定者，毕竟是在现在之中设定过去的本源性；同样，未来时间观的期待者，也是在现在之中期待未来的本源性。正是在这个现在之中的现在，内含着时间的本源性和历史的历史性。

第五节　现在时间观

　　过去时间观的设定者与未来时间观的期待者，无不从现在切入时间和在时间的现在中展开历史。他们尽管将现在之上的终极信仰延后于过去或延前于未来，但被抛弃在现在之中的这种无可选择的境遇，承诺了他们的终极信仰向过去或未来绵延的可能性。他们遗忘了现在的在上性与在下性，但照旧在现在中完成自己的遗忘活动。在现在中、在现在之上的终极信仰呈现的时光中、在现在之下的历史中展开终极信仰，这是人的本源性存在处境。人的存在处境的本源性，决定了人无法摆脱献身于现在和人在现在中赴身于终极信仰的命运。"在垂直的意义上，现在乃是永恒的'跳板'。在垂直的意义上，救赎发生了，它是时间的'冻结'，换言之，时间被'压缩'成另外一个崭新的、质的'将来'，它再也不是线性的、量的、累聚的'将来的时间'。作为永恒'跳板'的'现在'从时间无尽的'流逝'中解放出来，并且使得在时间中的我们进入完全不同的现实中。这是时间在宗教中的向度，这是罗森茨威格在犹太人的节期——尤其是安息日——中重新发现的。"[1] "在罗森茨威格对黑格尔的批判中，'现在的力量'和'圣言的力量'融合成唯一的权力统治。它对客观时间关系的反转使他最后甚至能够把永恒和时间连在一起思考，以致于彼此不会互相取消对方：'永恒就是一种将来，而这种将来永远是将来，然而，它同时也是当下的。永恒是一个今天，而这个今天确知，它比今天还今天。'"[2]

现在不是瞬间

现在不是瞬间，而是由瞬间构成的相对时段。[3]现在作为最短时段的这种结论，也有人体上的生理实验为证："人脑配备有一个整合机制，它将系列事件组成一个个单元，每个整合单元的时间上限约为 3 秒钟。每个整合单元就是一个意识内容，每次只能出现一个，这就是我们所感觉的'现在'。这个整合过程在客观上是有着时间长度的，从而是我们关于'现在'的经验的基础，

---

1 莫尔特曼：《来临中的上帝》，曾念粤译，上海：上海三联书店，2006 年，第 34 页。

2 莫尔特曼：《来临中的上帝》，曾念粤译，上海：上海三联书店，2006 年，第 34-35 页。

3 海德格尔所谓的"瞬间"（Augenblick），"不是延续，它是这个'现在'的时间样态——是另外两个时间界域的产物，是它们的不息的动态的功能，它不具有独立的维度"。如果把现在仅仅理解为瞬间性的时点，就会出现如下的情况，"即所有相关的生存范畴，那些与自我的可能本真性有关的范畴，都在过去或未来的标题下成为相辅相成的对子：'事实性'、必然性、成为、抛掷、罪愆，是过去的生存样态；'生存'、先于人的现在的存在、死亡的预期、忧虑、决心，是未来的生存样态。并没有现在留给本真的生存去安息其中。可以说，生存跃离它的过去，把自己投射到它的未来；面对它的终极局限，死亡；从这个微露的终末论虚无回到它的完全的事实，回到它已经成为就在当时当地的这个不可改变的事实；并且把这个事实连同它的由死亡带来的决心，带到过去迄今聚集于其中的地方。我重复一遍，并没有可以逗留的现在，只有过去与未来之间的临界点（crisis），其间锋利的瞬间，在向前冲刺的决定之剃刀的锋刃上保持平衡"。See Hans Jonas, *The Gnostic Religion*, Boston: Beacon Press, 1963, pp.336-337.

其最大时限为 3 秒钟。"[4] 用时间神学的话说，"我们不仅在相对的共时性中，而且也在瞬间的深层经历中感受到时间中的永恒。作为时机（Kairos）、'正确的时间''适宜时机''千载难逢的良机'的现在经历更超越了作为'时间点'和'共时性'的现在。在时机的理解中，时间之流是非同质的：有适宜的时间和不适宜的时间。作为瞬间的现在，经历更超越作为时机的现在。这里所指的是德文中一种神秘的'时间的深层面向'：永恒的当下（Nunc aeternum）。和永恒者相对的只有一种时间：现在。作为'永恒的原子'的实现的一瞬间从时间的序列中掉落下来，中断了时间之流，取消了时间在过去和将来的区别，它是从这个时间的生命进入永恒生命的狂喜。时间中的永恒，不是向外扩张的生命范畴，而是向内集聚的生命范畴。永恒的当下，透过临在中完全的临在而产生完全经历的瞬间。如果我完全在场，完全付出自己，完全展现自己，能完全逗留，那么我便经历到当下的永恒。那是活过的生命的完全性中'时间充满'的经历：一切时间都成为当下。在历史的时间中，这虽然只是对永恒的瞬间经历，可是那却是永恒的经历。永恒在此不仅是共时性，而且也是绝对的当下。我们在一瞬间经历到永恒，根据博爱修（Boethius）著名的定义是：'永恒……乃是对不受限制的生命完全……和完美的占有。'（Aeternitas... est interminabilis vitae tota... simul et perfecta posssessio.）对生命完全的、同时的、完美的占有和享受，乃是在活过的生命充满中时间的充满。这里所指的是一种恒久的永恒，而且是将来世界新生命的永恒"。[5]

　　所谓瞬间，则是承受终极信仰的最小时段内的时点。这样，要是没有对终极信仰的承受，要是没有终极信仰照亮于最小时段内的时点，瞬间将成为空洞的或黑洞般的时点。另外，终极信仰与非终极信仰的绝对差别性，使瞬间显明自己的时点性。一个瞬间与另一个瞬间中的间性，由终极信仰的终极性联结。即使在一个瞬间中，其瞬间性也源于终极信仰的确证。在这个意义上，瞬间的差别性，往往是终极信仰与伪终极信仰而不是终极信仰自身的差别性，因终极信仰和自身无差别。

4　恩斯特·波佩尔：《意识的限度：关于时间与意识的新见解》，李百涵、韩力译，北京：北京大学出版社，2000 年，第 53 页。

5　莫尔特曼：《来临中的上帝》，曾念粤译，上海：上海三联书店，2006 年，第 273-274 页。

什么是现在

现在是由瞬间构成的绝对时段中的相对时段，即终极信仰在最小时段内的时点中呈现出的相对时段。这种相对时段，显然来自呈现者和终极信仰的相对时段性。现在便以终极信仰为内容，代表终极信仰在时间中存在。它是终极信仰切入历史的另一种形式。相反，"如果现在只是过去和将来之间的'桥梁'，那么它本身就不具有自身的意义，充其量不过是历史进程中的一步，只是导向目标的一级阶梯罢了。重新发现'当下'——它作为超越时间的连续性的'瞬间'——曾是基督教和犹太教思想家的任务：不再寻求历史的圆满终结，而是寻求历史的'救赎'。对'救赎'的寻求便压抑了对历史进展的乌托邦目标的寻求"。[6]他们寻求的是历史在"当下"中的得赎。

终极信仰作为终极性的信仰本身，自在永在地呈现着。终极信仰在相对时段内的呈现，在逻辑上是无限时段内的在。在终极信仰的存在中，没有相对时段与绝对时段的差别，只有与非终极信仰持有的差别。关于相对时段与绝对时段的预设，反映了在历史中的人的逻辑有限性。仅仅在人的逻辑上，我们才能把现在理解为相对时段与绝对时段的合一，终极信仰的承受与终极信仰的承诺的合一。

人始终在现在中承受终极信仰，上帝始终在现在中承诺终极信仰。终极信仰的现在性，构成历史本源的现在性。现在即终极信仰呈现之在，历史在现在中在承受终极信仰呈现之在中，是终极信仰的自我展开。人在现在中，乃是在终极信仰呈现之在中；另一方面，他又是终极信仰展开在人中的历史。用克尔凯郭尔的话说，每个人都是作为与基督同时代的人。"对克尔凯郭尔而言，作为与基督同时代的人，这不是指和耶稣生活在同一时代并在物理距离上和祂保持亲密关系。后者的理解，最多指仅仅在时间的层面上作为和祂同时代的人。真正重要的是要在永恒的层面上与基督做同时代的人。真正的同时代的人，是那些通过在当下感知永恒者（the eternal）超越时间限制的人。因为，在时空层面，永恒者是被隐藏的。"[7]

---

6 参见莫尔特曼：《来临中的上帝》，曾念粤译，上海：上海三联书店，2006 年，第 43 页；译文据原文有改动，See Jürgen Moltmann, *Das Kommen Gottes*, Chr. Kaiser/ Gütersloher Verlagshaus, 1995, S.63.

7 Colin Brown, *History and Faith : A Personal Exploration*, Michigan: Academie Books, 1987, p.28.

现在的过去性

过去从现在过去。这个"从"字表明现在相对过去的本源性。过去的过去性，由现在的现在性和由现在之上的终极信仰规定。过去从现在带走的不是纯粹的过去，而是现在的自我过去，或曰现在的过去性，终极信仰的过去性。

终极信仰的过去性，不能被误解为终极信仰的过时性。对终极信仰本身，根本没有过时性的规定性。终极信仰，作为终极的信仰永远不会过时。过时的只是那些非终极性的或次终极的信仰。

终极信仰的过去性，意味着终极信仰对非终极信仰的浸透和改造。这种浸透活动，通过时间中的现在得以完成。它规定现在的过去性本质。现在以自己的终极信仰呈现之在，不断弥漫于过去的文化传统、对之加以终极的澄明。

过去是现在的自我过去，是终极信仰的自我呈现。人只能在这种现在之在中，遗忘现在的在上性而不可能完全逃离终极信仰对自己的绝对临在。

现在的未来性

未来向现在到来，这显明未来对现在的背靠。现在是未来的理想，是未来到达的终极目标。在副词"向"中，再次展示出现在对未来的本源性。现在设定未来的方向。未来的内容由现在规定。有什么样的现在，就有什么样的未来。人的未来，不是从未来的某个时点开始的，而是从现在开始的。人在现在有着什么样的开端，他在未来就会有着什么样的结局。

未来以现在为理想，以现在的自我到来为理想，以终极信仰的自我呈现为理想。"'未来'是现在的一个内在维度，未来是注定会发生的，只是我们在今天无法预知将来。"[8]未来的未来性，被规定为现在的未来性；现在向自身在来，终极信仰向着自身在展开。

现在的未来性承诺未来的未来性，终极信仰的未来性承诺现在的未来性。终极信仰永不降格的临在，永远与自己的承受者保持着间距，这是终极信仰关于时间中的未来之元的承诺。现在的自我到来，乃终极信仰的自我到来，是终极信仰向着自身的终极性展开自己的终极性。未来不过为终极信仰的展开活动给出可能性的场所，一个终极信仰即将开启的世界。

8　谢列贝克斯:《信仰的理解 诠释与批判》，朱晓红等译，香港：道风书社，2004年，第15页。

过去是终极信仰展开之在，未来是终极信仰开启之在，现在是终极信仰呈现之在。对基督教神学而言，这种终极信仰的对象便是耶稣基督的上帝。所以，正如神学家谢列贝克斯所言："上帝的永恒还包含着人的现在和未来；上帝是起始，也是末了；同样，上帝是超越人类当下存在的现在。"[9]终极信仰永远在现在之上，现在永远是过去、未来的本源性的承诺者，终极信仰永远在现在之中同时向过去、未来绵延自己的终极性。这就是历史世界中的本真时间观的内容。

对单向绵延时间观的反驳

过去时间观与未来时间观，在根本上属于单向绵延时间观。时间，要么从未来经历现在绵延到过去、要么从过去经历现在绵延到未来。它出现在人类观念史上，为人们的生活提供时间论的基础。其原因在于它的信仰者在先预设了过去、未来对现在的本源性，遗忘了自己在当下的现在中对终极信仰承诺的承受，是对终极信仰本身的遗忘。但是，人不可能脱离自己被抛于现在之中的处境，他只能以非现在性的过去、未来代替现在，以非终极性的信仰代替终极信仰。人在伪真的现在中——在对过去的伤感、对未来的期待中虚拟地注入伪真信仰，结果是赋与历史、社会、人生以虚无主义的走向，同时乐于现世肉体生命的享受。"人生寄一世，奄忽若飙尘。""人生忽如寄，寿无金石固。万岁更相送，贤圣莫能度。服食求神仙，多为药所误。不如饮美酒，被服纨与素。"（《古诗十九首》四、十三）

双向绵延时间观

单向绵延时间观，以过去、未来的非本源性代替现在的本源性，以非终极性的信仰代替终极信仰。这种永无止境的代替活动，昭示出终极信仰与现在的本源性的不可代替性。代替者只会被代替者代替，非终极性信仰只有被终极信仰代替。终极信仰临在于现在向过去的文化传统与未来的幻想世界渗透弥漫，这在观念论上笔者称为双向绵延时间观。

历史世界中的本真时间观，在时间的本源意义上是现在时间观，从终极信仰的临在意义上是双向绵延时间观。现在同时向过去、未来展开临在的终

---

9 Edward Schillebeeckx, *The Understanding of Faith Interpretation and Criticism*, London: Sheed and Ward, 1981, p.4.

极信仰，终极信仰同时以现在为源点绵延到过去、未来中。"同时"内含终极信仰与现在之中的人同在一个时段上。

第六节　现在的在上性

　　过去源于现在的过去性，未来源于现在的未来性。现在既是终极信仰的展开，又是终极信仰的开启。终极信仰展开在现在的过去性中有现在的在下性，它开启在现在的未来性中有现在的在上性。前者表明终极信仰与文化传统的关系，后者包含终极信仰与理想世界的关系。人在现在中，即人在现在之上的终极信仰中和终极信仰在现在之下的历史中。现在，一方面是在上性的，另一面又是在下性的。在上性的现在因着时间的彼岸承诺，在下性的现在因着时间的此岸应许。现在的在上性在空间学意义上即时间的内向性，作为承受者的人在内、在此岸，作为承诺者的终极信仰或上帝在外、在彼岸。此岸与彼岸通过时间的内向性关联一体，彼岸的终极信仰前后不断继起在现在中、呈现在现在中。因而，时间的继起，根本上是终极信仰在现在中的自我呈现、自我生起。终极信仰仿佛一种流体，不断涌现在现在中。现在的在下性，即现在远离自身构成横向性的过去和现在向着自身而来构成纵向性的未来。在空间学意义上，过去为现在给出左右的场所，让现在带着终极信仰向左向右消逝，过去因而是横向性的；未来为现在给出上下的场所，使现在持守终极信仰临在于自身中。未来无非是现在向自身而来。

时间之维与时间向性

　　时间中的现在、过去、未来，以终极信仰为轴心转化为时间的内向性、横向性、纵向性。在时间固有的三维中，现在是根本之维，因为是它的在上性和在下性直接构成过去、未来。在时间固有的向性中，内向性是最核心的向性。正如我们在稍后的关于心理时间的讨论中所见到的那样，以内向性为前景的心理时间，能够意识到其余个别时间相的时间向性。这种意识的结果为：物理时间的体向性，即过去、现在、未来同时在物质自然中在场；生命时间的纵向性，以自然生命面对未来迎接终极信仰的在场；生理时间的横向性，以肉体生命带着终极信仰在大地上左右活动为特点。以上便是个别时间相中的现成性时间相与时间向性或时间维度间的相关性提示。

现在在自身之上呼唤终极信仰的临在。它虽然是终极信仰呈现之在，但不能把现在等同于终极信仰。因为终极信仰作为终极的信仰，其本身内含过去性的同时，也有未来性的品质。终极信仰，还要在自己向着现在的到来活动中确证自己的终极性。

时间的彼岸性

人在现在中切入终极信仰承受它的承诺。现在的在上性，保证了人的承受的永恒性。只有在信仰终极信仰的承诺中，人的时间性才得以呈现出来。这种终极信仰呈现在现在中的时间性，构成历史的本源。说到底，历史永远是承受终极信仰承诺的历史，人也是永远在大地上信仰终极信仰的人。

现在的在上性，阻断了时间中的人的神化的可能性。人切入现在依靠现在的在上性，同终极信仰关联起来。这表明人与终极信仰处于一种分隔状态。人的神化，恰恰是在抹去、无视现在的在上性的情形下发生的。人与世界之物越过现在，直接僭称为终极信仰的承诺者。这使人陷于对伪真信仰的信仰中，使他在时间中沦为没有现在性的存在者。

时间的起源

时间源于终极信仰在现在之中向着过去、未来的绵延，源于现在对终极信仰的呼唤。时间的这种特性，赋与自身以彼岸性的本质。我们日常称谓的彼岸，总是被误解为在未来的某个时段上而不是在现在的在上性上，不是在现在之上的终极信仰上。由于没有终极信仰的临在，于是，未来时段上的彼岸性只不过代表未到来的此岸性。这里，彼岸与此岸合一为伪真信仰的场所。

时间的彼岸性，即人在现在中对终极信仰的依赖性，人的非自足性 。人在现在中的被抛境遇，决定了他对终极信仰的承受宿命。他不可能自己给出自己的终极存在背景，不可能绕过现在进入终极信仰的王国。个人的存在时间，在这个意义上是背靠终极信仰的时间、终极信仰临在于个人中的相对时段的绝对度。

第七节　现在的在下性

现在凭什么在时间中绵延？现在在时间中绵延什么？如果没有终极信仰，现在在时间中必然是空洞断裂的时点。如果没有终极信仰自身的在下性，如果终极信仰只自在永在而不看顾人的存在，那么现在的在下性活动将无内容指向，在历史中的人也会成为绝对空，即佛教所说的"空空"。

终极信仰在下性的时间性形式

现在的在下性，实际是终极信仰在下性的时间性形式。终极信仰在自己的终极性中承诺现在向过去、未来绵延。它在时间的现在中临在于人的历史。用约纳斯的话说，就是"只有永恒而不是时间才可以有现在，并在时间之流中给现在一个它自己的位置；正是永恒的丧失导致了真正的现在的丧失"。[10]终极信仰的自在永在（永恒），为其承诺的终极性给出明证。终极信仰永不降格的在下努力，标志它的终极性的自我成全，从而阻断了基督教的上帝的人化的可能性。上帝是与人相关、且看顾着人的上帝。上帝的自在永在，是在自己的在下活动中、在耶稣基督的言语与作为中自在永在，这就是上帝的爱。

上帝的人化逻辑，起源于人对现在的在下性的遗忘。它取消了人的存在的根基。因为，只有终极信仰的承诺才给出人的存在的终极性；因为，只有上帝的自在永在才是人神圣性的保证。终极信仰在现在的在下性中，向过去、未来绵延形成的绝对时段即历史。终极信仰自身的绝对性，承诺了绝对时段的绝对性。它的历史性，成为历史的历史性的根源。

终极信仰的历史性，展开在它向现在的在下弥漫、渗透中。现在带着终极信仰把它绵延在过去、未来中，绵延在由这种绵延构成的绝对时段——历史——中。这种绝对时段中的历史，包括人作为个体生命的个人史与人作为共同体的人类史。所以，历史作为终极信仰的自我呈现，是终极信仰向着人承诺自己的终极性的过程。

时间的此岸性

现在的在下性，在时间中形成时间的此岸性，时间的历史性。现在的在上性，使时间同其上的终极信仰相关联，它的在下性使时间成为历史性的时间。此岸与彼岸代表终极信仰的两面。终极信仰向历史承诺的世界即此岸，历史承受的终极信仰即彼岸。在此岸与彼岸之间，有终极信仰的承诺者与承受者、上帝与人的差别。历史，不过是积淀着这种差别的踪迹集合。

---

10 See Hans Jonas, *The Gnostic Religion*, Boston: Beacon Press, 1963, p.338.

概言之，是终极信仰承诺时间的现在性，是时间的现在性（包括在上性与在下性）承诺历史的历史性。

基于本真时间观的本真历史论，将阐明终极信仰如何在世界中自我呈现的历史。在学理上，笔者把它设定为逻辑历史学的时间历史论。它与逻辑历史学的价值逻辑论共同构成逻辑历史学的基础论。

第三章　物理时间

历史的历史性

　　逻辑历史学的时间历史论，从分析历史世界中的伪真时间观中发现过去、未来作为时间本源的伪真性，从伪真的时间本源中探索出现在作为时间本源的本真性依据于现在的在上性与在下性。在上性的现在，表明终极信仰超越于时间之上，其终极性是自在永在的；在下性的现在，给与终极信仰渗入历史以可能性。历史通过现在的在上性呼唤终极信仰的临在，终极信仰通过现在的在下性临在于历史。历史的绝对时段性，同在于终极信仰的自在永在性。但这种同在，借助于历史中呈现出的现在的相对时段性。现在的相对时段性，又源于绝对时段中的终极信仰的承诺。于是，历史起源于现在，现在起源于终极信仰的临在。这是逻辑历史学关于历史的历史性的回答。

　　历史的时间性问题，即历史如何承受终极信仰在世界中展开的问题，或者说是终极信仰如何在历史中达成自身的终极性的问题。它们构成逻辑历史学的时间历史论的内在部分。终极信仰承诺历史的历史性，正是一种具体的实践，一种在历史中的在场。逻辑历史学，还必须向世界打开终极信仰在时间中的在场方式。

终极信仰的自在性

　　按照本真时间观的历史起源论，终极信仰自在永在地呈现在时间的现在中。这种相对自身的呈现，不再具有进化论的意义而是创造论的。终极信仰的自在性，决定它的非进化性，它因自身而自在。终极信仰的永在性，赋与它同历史的相关性。终极信仰一直同历史相关。不过，在历史承受终极信仰的承诺中有可能出现伪的方式。在逻辑上，伪背靠真的本真性，即伪是真正的伪。这样，一切伪历史，只是本真历史的伪形式。

第八节　物理时间的源始性

在逻辑上，逻辑历史学所讨论的物理时间、生命时间、生理时间、心理时间、社会时间、历史时间，只是普遍时间在世界中的个别时间相。

先后现象在普遍时间中的消失

普遍时间代表终极信仰自在永在的时间，即绝对时段。其绝对性，必须通过现在的临在，通过现在在过去、未来中绵延。否则，这种绝对性，就只是一种观念的、抽象的而不是具体的现实的绝对性。普遍时间的自在永在，与世界中的个别时间相处于同在关系。普遍时间，通过现在承诺世界中具体的物理时间、生命时间、生理时间、心理时间、社会时间、历史时间的差别性而与之同在。对普遍时间而言，不存在先后现象。通常所说的时间中的先后，有一个相对现在的时段存在，先于现在或后于现在。如果把现在作终极的理解，现在即终极信仰呈现之在。那么，先于终极信仰的临在即终极信仰的自在，后于它的临在即它的永在。在自在永在的时间中，先后现象被消解了。

因此，物理时间作为终极信仰自在永在的普遍时间的承受方式，不是原始性的而是源始性的。它是时间的本源承受方式而不是最初的时间临在方式。在普遍时间的承受中，不存在最初性的现象。

物理时间与普遍时间的关系

物理时间源始地承受终极信仰的承诺，使物理时间在时间逻辑中成为关注的起点。物理时间的源始性，在逻辑上即是物理时间与普遍时间和在普遍时间中呈现的终极信仰的同在性。但是，物理时间与普遍时间毕竟有差别，两者间的不同还是质的不同。物理时间是普遍时间的承受者，这在逻辑上决定了它的承受性，决定了它的相对时段性。物理时间是绝对时段内的无限的相对时段。它不是绝对时段本身，不是普遍时间本身，更不是自在永在的终极信仰本身。物理时间即使在时段上无限地趋近于绝对时段，但在物理时间与普遍时间所呈现出的绝对时段之间，同样保持着无限的距离。这种距离，承诺了物理时间走向普遍时间的可能性和非间断性。在空间学意义上，物理时间就是物质自然界与普遍时间的间隔。它为物质自然界的生存给出场所。

第九节　物质自然在的时间

物理时间的定义

如果给物理时间设定一个内涵，那么，它可被规定为物质自然在的体向性时间。这种规定，不但具有观念性的涵义，而且是内在性的。物理时间，是物质自然在的内在本性。任何物质自然体只要离开物理时间，不仅没有在的场所，而且没有在的时段。"物质在时间方面的来源是在物性上（偶然属性）展示出来的；没有物性，它决不能显现；而物性简直永远是因果性，永远是对其他物质的作用，所以也就是变化（一个时间概念）。"[1]

物理时间的体向性，意指在物理时间中由现在的在上性构成的内向性（承受者为内、承诺者为外）、由现在的在下性向过去绵延构成的横向性和向未来绵延构成的纵向性。在物理时间中，其三种向性同时到场，不存在前景与后景的差别，没有前景开出与后景置入的活动。正因为是同时到场，所以才生成物质自然立体的在的世界。

前景开出与后景置入这对范畴，用于解释个别时间相中过去、现在、未来三者之间的关系，由此形成不同的个别时间相。所谓前景开出，指时间绵延向度中某一向度的出场；所谓后景置入，指时间绵延向度中某一向度的退场。个别时间相的实存，无不因时间绵延向度的后景置入与前景开出的交叉往来活动而诞生。

作为物质自然内在性的物理时间

从物质自然的在中，我们看到物理时间相对物质自然的内在性。这种内在性，由自在永在的普遍时间设定。普遍时间的普遍性，最终又是上帝的在场方式。在基督教中，上帝正是通过创造物理时间来创造物质自然界中的万物，把物理的时间创造为物理世界的时间。通过给与物理世界以物理时间的在性，通过给与这种在性以内在的根据，上帝创造了世界。上帝创造了"开

1　叔本华：《作为意志和表象的世界》，石冲白、杨一之译，北京：商务印书馆，1982年，第36页。

始"，"创世行为占据了一段时间。上帝开始创造，祂花了七天时间进行创世。在这里基本要素是'时间'本身，创世表现为时间的出现"。[2]言成肉身的意义，由此显明在上帝的创世活动中。世界是上帝的身体，因而也是言的身体。这种言在物理世界中，即物理时间的在性。上帝的创世是上帝临在的在下努力，祂将自在永在的终极信仰在下地临在于其创造的对象中，在其中注入物理时间。物理时间，于是成为物理世界内在的一部分，成为世界承受终极信仰承诺的内在方式。物理学关于物理时间的自觉，只因为物理时间已经内在于物质自然的在中。物理学家只看到物质自然的在，却忘记了它在时间中的根据，更不可能深入物理时间背后寻问这种根据的根据。物理学家在先预设时间中的现在相对过去的绝对性，将这种现在的绝对性颠倒为过去的绝对性，于是将过去认作时间的本源。至于现在的绝对性的依据，更多的物理学家以信仰普遍时间的方式作出沉默的回答。普遍时间在物理时间中，这成为物理学家们普遍的预设。假如没有上述预设，他们不可能追问时间的起源问题。

在时间历史论的意义上，我们将物质自然界理解为物理时间的在。从物理世界的在中，我们看到终极信仰如何将自在永在的上帝在下地肉身化为世界。"自从造天地以来，上帝的永能和神性是明明可知的，虽是眼不能见，但藉着所造之物，就可以晓得，叫人无可推诿。"[3]由于物理世界是上帝的肉身或言成的肉身，古往今来的人类从物质自然的在中能够获取启示的原由就在这里。

物质自然因物理时间而在，物理时间因普遍时间而在，普遍时间因上帝而在。"因"表明物质自然、物理时间、普遍时间三者间相互的承受与承诺的关系。三者同在于终极信仰自在永在的承诺，但与上帝又构成不同的关系。上帝把自己的自在永在对象化为普遍时间。这种普遍时间在时间逻辑中，构成作为个别时间相的物理时间、生命时间、生理时间、心理时间、社会时间、历史时间的承诺者。在这些普遍时间的在场方式中，物理时间给与物质自然以最长的时段性。

2 路易·加迪等：《文化与时间》，郑乐平、胡建平译，杭州：浙江人民出版社，1988年，第196页。

3 《罗马书》1：20。

第十节　物理时间的有限性

物理时间在普遍时间中的有限性

作为普遍时间的承受者及肉身方式，物理时间相对普遍时间是有限的。如果将普遍时间设定为无限向过去、未来绵延的绝对时段，那么物理时间就为绝对时段内最长的、可见的相对时段。

物理时间在绝对时段内，在普遍时间的无限绵延中。这个普遍时间的承受者，是承受普遍时间肉身化的时间性场所。在此意义上，物理时间对普遍时间其余的在场方式，不是绝对的而只能是源始性的。它源始地给出它们以在场的时段。

物理时间在绝对时段中又是一种相对时段。它不可能永无止境地绵延下去，不可能像普遍时间那样自在永在下去。在此岸的现象界，物理时间向着过去、未来的绵延，既有起点又有终点。普遍时间的具体化同在于物理时间的出场，但普遍时间承诺物理时间以承受性，注定了后者在前者中的相对时段性。哪怕在绵延中物理时间与普遍时间只有瞬间的间隔，其瞬间却由无限时段构成。物理时间，永远无法越过此间的无限时段代替普遍时间。它仅仅是绝对时段内最长的相对时段。

物理时间的相对有限性，决定了它与普遍时间的差别。它的最长时段性，把自己从普遍时间的其余时间相中区别出来。物理时间源始地给出其他时间在场的时间性场所，将这种场所内在化为生命时间的纵向性、生理时间的横向性、心理时间的内向性、社会时间的向他性、历史时间的向祂性。

物理时间对其余时间相的绝对有限性

不过，物理时间，相对普遍时间是相对有限的，但相对普遍时间的其余时间相又是绝对有限的，在生命时间与物理时间之间，正如在物理时间与普遍时间之间一样，存在绝对不可彼此替代的距离。在发生学意义上，是先有物理时间，后有其余的时间相。这种先后现象，表明各种时间相之间的时段性，呈现出承诺者与承受者的关系。

物质自然界中有无现象出现的原因

物理时间的有限性，注定物质自然界中有无现象的存在。作为相对时段之在的物理时间，赋与一切物质自然体以有无的规定性。在终极意义上，物理时间要被普遍时间吸纳；在物理时间内部，物质自然体又各自相互转换。在基督教中，物理时间这种普遍时间的有的形式，来源于上帝的言成肉身，来源于上帝的创世。但此中的无，绝不是绝对的无，而是有的非有的形式。换言之，上帝是从自在永在的在中创世而不是从绝对虚无中创世。世界仅仅是上帝的肉身。另一方面，在物质自然界中，一种物质向另一种物质的转换即是世界从有序向无序的转换。这就是热力学第二定律即熵定律所描述的物理现象。当物理时间不能给与其他时间以在场空间时，从有序向无序的转换活动便终止了。到那时，普遍时间绝对临在于现世的时间并设定世界中的时间相的相对时段性，时间不再向过去、未来绵延。

第十一节　物理时间的客观性

外在于个人内在于人类的物理时间

物理时间的有限性，指物理时间相对普遍时间的有限性。在发生学的意义上，物理时间因普遍时间而在，是普遍时间创造了物理时间。物理时间的客观性，指物质自然界在普遍时间中的绝对时段度。这种绝对时段度，外在于个人内在于人类。它不因为个人的死亡而停止向过去、未来绵延。人类无法改变物理时间的长短，他只能背靠这种在先被预设的相对时段去完成自己的有限时段，将自身的有限时段内在化为物理时间的一部分，或者将自身的有限时段渗透在物理时间中，或者说将物理时间的时段切割为众多同一的时段。

物理时间的相对时段度，由普遍时间设定。在普遍时间的设定者上帝中，物理时间只是客观的承受者。它不可能参与普遍时间对自己的设定过程，不可能依凭自身的意志改变自己的时段。因为物理时间作为物质自然之在的时间，本无意志的机能。物理时间在何时最终达成自己的有限性，完全取决于普遍时间在何时结束自己的言成肉身的努力。

物理时间的客观性，并不意味着物理时间与人无关联。相反，作为普遍时间源始承受方式的物理时间，恰恰是人的心理时间的根基。其肉身化的形式，乃人的身体。物理时间总是在把自己的时段呈现给每个人，不同的人由于参与物理世界的程度的不同而切割到不同的有限时段。

　　因此，不是物理时间在流走而是我们在加入物理时间中，是物理时间把我们的心理时间带入普遍时间中，使之获得普遍性的意义。物理时间相当于一个最大的房子，其余的时间相和个体生命都栖居在其中。

最长的相对有限时段

　　物理时间的客观性，是物理时间相对普遍时间的客观性。它从普遍时间那里承受了作为其余世界中的时间相的源始根基的客观性使命。通过给出最长的相对时段，物理时间承受世界中的其他时间相的在场。在终极意义上，一切世界中的时间相虽然都来源于普遍时间的承诺，但在历时性上的确存在物理时间向生命时间的过渡。假如没有这种过渡，物理时间便失去了其存在的意义和价值。

第十二节　物理时间的意义

物理时间的主观化

　　终极信仰，源始地把自在永在的普遍时间肉身化为物理时间，为物质自然界提供在的场所。但普遍时间的降世，绝不仅限于物理时间的承受，因为，只在物理时间中普遍时间就不可能持守自己的普遍性。因为，如果物理时间中没有生命的、生理的、心理的、社会的、历史的时间相，物理时间将沉没于无声的物质自然界中，甚至根本没有物理时间与普遍时间的差别性言说，也没有对自在永在的上帝的任何话语。物质自然界在无声的沉默中，注视上帝的创造性活动，正像一个婴儿对父母辛劳持有的不明态度。但是，父母毕竟希望婴儿长大成人理解自己一生的劳苦，普遍时间也渴望物理时间在主观化的过程中显明自己的普遍性意义。

　　在普遍时间对物理时间的承诺中，内含有物理时间主观化的意向——普遍时间努力确证自己的普遍性。仅仅相对物理时间言，普遍时间何以表明自己的普遍性呢？至少，这种普遍性，还应该有其他的时间相作为承受的对象。物理时间的相对时段性，纵然由普遍时间设定，但它必须由具有意识能力的人作出自觉。基督教的上帝创造人给与人以栖居的自然界和肉身，其最终的目的是为了使人明白上帝成肉身的意义。

物理时间的主观化，表明物理时间的意义。一方面物理时间相对普遍时间而在，另一方面物理时间为其余的时间相给与最长的相对时段。在这种相对时段的呈现中，首先呈现出生命时间的时间相。物理时间从普遍时间获取自己的规定性，从生命时间得到展开自己意义的可能性。生命时间即使对物理时间无法作出心理学的规定，但它毕竟为此设定了努力的方向。

物理时间的非自在性

没有自在的物理时间，只有相对人的自我与终极信仰的物理时间。物理时间从终极信仰所承诺的普遍时间那里，获得自己的终极个别性，即作为个别时间相的规定性。但是，终极信仰为了护守自己所承诺的普遍时间的普遍性，只有通过让物理时间处于和其他个别时间相相关的时间历史序列中，否则，物理时间的最长时段性就可能虚幻地僭越为在上的普遍时间本身。这种个别时间相的自觉，发生在人的自我意识中，是心理自我最终意识到物理时间的个别性。生命时间在时间历史序列中的出场，为此预备了前提。

第四章　生命时间

物理时间的分身凸现

　　从物理时间中分身凸现[1]出生命时间，乃是物理时间的内在需要。物理时间要确证自己的最长时段性，只有通过在这种时段中产出相对短的时段，否则，物理时间向谁表明自己最长的相对时段性呢？作为普遍时间的承受者，物理时间与普遍时间之间存在无限的距离。这种无限的间距，使物理时间的最长时段性失去意义，从而让物理时间转向其余的时间相，以确证其最长时段的本质。

普遍时间的在下承诺

　　物理时间的主观化，还来源于普遍时间的承诺。仅仅相对物理时间，普遍时间无以显明自身的普遍性。何况，作为物质自然界在的时间，又何以生出主观化的时间形式呢？这里，不能忽视普遍时间对生命时间从物理时间中生出的作用，正如离开普遍时间的肉身化不可能理解物理时间的起源一样。正是普遍时间要求对自身的自在永在性作出呈现的意向，[2]促成生命时间从物理时间分身。生命时间虽然离开物理时间给出生命世界以在场的空间，这同时是生命时间向物理时间返归。

1　分身凸现，用来说明个别时间相之间的渊源关系的一个观念范畴。

2　此处使用的"意向"概念不同于胡塞尔现象学的"意向"概念。后者指意识总是指向意识的对象；前者指普遍时间向个别时间相而去，在其中表明自己的普遍性。

　　由于物理时间与普遍时间相关联，生命时间从蔓延在空间中的物理时间中抽身出具体的自然生命。物理时间的自我分裂，构成自然生命在物质自然界中诞生的前提。这种分裂出来的时间相，为生命的起源设定了在场的空间。但是，仅仅有空间性的物理时间还不可能形成生命体，只有普遍时间中的自在永在的言成肉身，自然生命才能够从不断蔓延于空间的物理时间中现象出来。在终极意义上，生命时间为普遍时间的肉身形式。正是普遍时间自身的主观化意向，把生命时间从静止性的物理时间中分身出来，形成以生长为目的的生命世界。自然生命在物质界中生长的过程，也是物理时间的主观化过程。然而，不是所有物理时间的主观化，而是从物理时间分身出来的部分时间的主观化。物理时间因生命时间的出现在象征的意义上，可以表达为一种膨胀现象。

　　物理时间将物质体绵延在空间中，或者说是空间在物理时间的绵延中被物质体充满。空间由物理时间的绵延创生。空间即物理时间。

第十三节　自然生命在物质中生长的时间

生命时间的纵向性

　　物理时间在物界中上下左右前后的绵延，构成物质的在性。这对物理时间自身而言，即它的体向性。所谓体向性，指物理时间展开普遍时间的方式。物理时间，以纵向的、横向的、内向的三维度打开普遍时间。这种物理时间的体向性，给与物界中的物质以立体性。当然。此处所言的"立体"，只是借用几何学的概念。立体"不是指三条垂直直线组成的空间，而是指有实质的体，混纯体"。[3]在逻辑历史学中，它是关于物理时间纵向的、横向的、内向的绵延向度的现象性描述。物理时间的体向性，内含生命时间的纵向性、生理时间的横向性、心理时间的内向性三维。生命时间以体向性的物理时间为根基，把其中的纵向之维极端化。不过，物理时间中的纵向是静止性的而不是生长性的。它一旦形成就停止向上和向下绵延。另一方面，由于物质界中物体的相互作用，个别物体的物理时间的时段性又在不断缩短，即物理时间的纵向时段在收缩。这和生命时间的纵向时段在一个相对时段内的生长延伸形成对比。

3　陈嘉映：《海德格尔哲学概论》，北京：生活·读书·新知三联书店，1995年，第126页。

作为自然生命内在性的生命时间

生命时间虽然以物理时间为根基，虽然从物理时间中分身凸现出来，但它给与物理时间中的物界以生命。生命时间以大地为临界点向上、向下的绵延，是一切最低层面的自然生命（植物）赖以生长的前提。自然生命的生长，无非是生命时间临在于大地纵向绵延的过程。生命时间在此绵延中弥漫于生命世界。因此，生命时间，就是自然生命在物质中生长的时间。

生命时间有别于物理时间，它给与生命世界以生长性。这种生长性，由时间中的现在以大地为临界面向上、向下绵延渗透。其向上的时段性等于向下的时段性。过去、未来因为生命时间将现在时点化而等同起来。现在在生命时间中由一个相对时段缩减为一个时点，一个切入大地表层的切点。作为时点就是绝对的。绝对时点，给与自然生命的生长以绝对的根基。这样，一切自然生命体，并没有过去与未来的时间向度，只有以现在这个时点为支点向上、向下绵延形成的相对时段。所以，"生命时间不是线性的，而是按照韵律的。只有工作时间和机械时间针对目标和目的。可是，每个生命的有机体是在其内在和外在的运动、在紧张和舒缓中体验到生命时间"。[4]

生命时间将体向性的物理时间缩减为纵向性的现在性时点，再由此时点向上、向下的绵延构成自然生命生长的相对时段。于是，植物界中的生长现象，可以描述为现在性时点的纵向绵延，即植物以大地为临界面、以现在为时点向上、向下的绵延。如果你在树下和孩子玩躲猫猫的游戏，你很容易观察到这种现象。"你在树下露出半张脸，然后大声说／'我已经躲好了，你快来找我。'／当我转过身，你的脸消失了／有什么是没有消失的呢？／……但在树下的东西你不可能找到／它们很快就生了根，一个劲地往下生长／往上生长的只有树，你会很快爬不上去／树的影子使树下的东西越埋越深"。[5]这里，关于生命时间的纵向性的言说，向人类打开了生命世界生长的奥秘。但是，物理时间的体向性，自我分身凸现为生命时间的纵向性，其间的质变只能由普遍时间的在下承诺来解释。没有普遍时间对物理时间的普遍性要求（仅仅有物理时间不可能达成普遍时间的普遍性），物理时间不会自发开出生命时间。

4　莫尔特曼：《来临中的上帝》，曾念粤译，上海：上海三联书店，2006年，第129页。

5　参见诗歌《树下》，远人：《你交给我一个远方》，广州：花城出版社，2015年，第29页。

没有生命时间，就不会有自然生命的生长现象。所以，生命时间是生命的给与者，正如普遍时间与物理时间是生命时间的给与者一样。生命时间给与自然生命如何生长的向度。

第十四节　生命时间的有限性

纵向性是生命时间的内在特质。但是，纵向绵延的生命时间，不是无限的而是有限的。它受制于自身的受造性，受制于物理时间与普遍时间。

生命时间相对物理时间的有限性

生命时间纵向绵延形成的相对时段，短于物理时间的时段。作为相对时段的生命时间，是相对物理时间及普遍时间而言的。由于物理时间自我分身凸现出纵向性的生命时间，从而给与生命世界以生命，这在物理时间与生命时间之间形成承诺者与承受者的关系。既然生命时间是物理时间主观化的承受者，那么在终极意义上，生命时间必然在时段上短于物理时间。如前所述，生命时间这种世界中的时间相的出现，还植根于自在永在的普遍时间的具体化努力。是普遍时间对自身的普遍性的需要，促成生命时间从物理时间中分身凸现。其分身的目的，指向人的心理时间的出场，以便使人能够对普遍时间加以言说。

自然生命界中生灭现象出现的原因

生命时间的有限时段性，给与一切自然生命以生灭现象。因为，生命时间以大地为临界点、以现在为时点的纵向绵延，不是无限的而是有限的。自然生命既然有生长，那么生命时间的有限性，就注定了它还有消亡。生灭现象，表现在物质界中的一切个别自然生命体中。相反，生灭也是对自然生命的有限时段的一种规定性。假如没有生灭现象，生命时间的有限性又何以确立呢？生命时间的纵向绵延，不就成为普遍时间的无限绵延了么？

个别自然生命体的灭亡，意味着其生命时间纵向绵延活动的停止，意味着个别自然生命体和大地表层形成的切点的消失。它由此融为物质自然界的一部分，生命时间同时转化为物理时间。生命时间的纵向绵延终止了，接着是物理时间的体向绵延，是以物为中心的横向绵延，与此伴随着静止性的纵向绵延现象。个别自然生命体，由此而退化为物质自然体。

生命时间的有限性，表明它与物理时间和普遍时间的关系，也为解释生命世界中的生灭现象提供了依据。在自然生命界中，并不是有生就必然有灭，而是生命时间在时段上纵向绵延的有限性决定了生灭现象在植物界中的存在。

第十五节　生命时间的客观性

自然生命在物质界中生长的绝对时段度

尽管生命时间给与自然生命的纵向绵延时段是有限的，但这种有限时段在物质界中又是自然生命生长的绝对时段。自然生命在物质界中生长的绝对时段度，构成生命时间的客观性。自然生命生长的基础，由物理时间中的物质界给与。给与者有给与的能力，当然有收回所给与对象的能力。由于生命时间被物理时间给与，所以其纵向绵延的时段有限。但是，这种被给出的时段在普遍时间中又是绝对的，因为它绝对地被给与，因而生命时间享有客观的绝对时段度。假如生命时间没有绝对的时段度，那么它作为一种世界中的时间相将不可能。另外，从物理时间而来的生命时间相，对作为终极承诺者的普遍时间也是客观的。普遍时间自在永在的特性，赋与它以主观性，因为普遍时间自己给出自身。相对主观的普遍时间言，被给与的生命时间是客观的。生命时间客观地被给出。

值得说明的是：生命时间的客观性，并不意味着生命时间与人无关联。生命时间的纵向绵延和物理时间的体向绵延，一同构成心理时间出场的场所。生命时间从纵向绵延向横向绵延的分身，展示出生命时间的意义。这种意义最终成就于人的自我意识里，但生命时间不受人的主观控制，也不以人的主观意志为转移。在不同的自然生命体中，普遍时间都为其设定了绝对的有限时段。当然，此设定相对一般情况有效。因为，一切自然生命体，也可能因为人的破坏行为而缩短其相对有限时段。

现成性的有限时段

生命时间的客观性，和物理时间以及随后分身凸现出的生理时间的客观性，一起标志着这三相时间的现成性。其中的物质自然体、自然生命体和肉体生命体，各自都从普遍时间处获取了绝对相对的有限时段，人只不过意识到它们而已。对其绝对相对的时段，人没有承诺的能力。

第十六节　生命时间的意义

从关于生命时间的有限性的探究中，我们看到生灭现象对生命时间的必然性。生命时间将体向绵延的物理时间分身凸现为纵向绵延，以显明物理时间的意义。主观化的生命时间，是物理时间的意义的给与者。这样，我们便不可能从被给与者寻出给与者的意义。那么，生命时间的意义在何处呢？

物理时间向生命时间的转化意向

我们从询问物理时间的意义中，发现是物理时间的主观化或物理时间向生命时间的分身显明了物理时间的意义。尽管其中的分身凸现有普遍时间对时间向性的介入，但是，这种介入恰恰使体向性的物理时间分身为纵向性的生命时间。我们从此能够获得什么启示呢？

首先，物理时间的体向性分身凸现为生命时间的纵向性，为其分身凸现为生理时间的横向性给与了现实的可能性。这种分身意向，[6]为生命时间向生理时间的分身提供了参照和依据。

其次，物理时间向生命时间的过渡，在时间向性上表现为时间从体向绵延向纵向绵延的过渡。时间向性中内含的过渡意向，为生命时间向生理时间的过渡给出了过渡意向。因为作为物理时间的意义表达者，生命时间的出现，仅仅为时间向性的分身设定了活动的前景而不是一种终结的敞现。

再次，普遍时间在生命时间与物理时间中的肉身化，为其在其他时间相中的肉身化提供了范例。如果普遍时间在没有达成在所有的时间相中的分身就回归自身，那么，其普遍性从何处得以显明呢？普遍时间的临在，永远是一种活动性的临在。这为生理时间从生命时间中生起给出先决条件。

从纵向绵延到横向绵延

时间向性从体向绵延到纵向绵延，同时是物的在性分身为生命的生长性。正因为是分身，所以世界并不因为生命的出现而消灭了物质。相反，物质界为其他个别世界相（指生命界、动物界、人物界、人间界、人类界）设定了赖以持存的根基。同样，在时间向性上，生命时间的纵向绵延，没有抛弃物理时间体向绵延中横向和内向绵延的向度，只不过是以物理时间的一维向度为前景而将其他维度后景置入于其中。

6　分身意向，指一种个别时间相向另一种个别时间相而去。

从生长到生存

这样，生命时间的意义，就在于它的生理化——对物理时间的主观化意向的持续表达，在于将物理时间中的体向性分身为生理时间的横向性，在于在生命世界的生长性上增加生存性的本质。在生理世界，横向绵延在时间向性中成为前景而让纵向绵延与内向绵延成为自己的后景。

第五章　生理时间

生命时间从物理时间的分身，向我们开启了时间自我分身的奥秘。由于生命时间在分身中显明了物理时间的意义和普遍时间的具体临在，那么生理时间带给生命时间的，同样是对其意义的揭示。如前所述，分身并不是一种时间相对另一种时间相的代替或抛弃，而是时间向性以纵向的、横向的、内向的一维向度为前景绵延，其余的向度后景置入最基本的时间相——物理时间——中。生命时间在生长中从物理时间出走，在消灭中回归物理时间（例如，一棵植物枯干后，其生命时间便结束了，回归到物理时间即它开始成为物质自然界的一部分）。这种生命时间的出走与回归，构成生命世界的图景。

生命时间的分身凸现

生命时间从物理时间中分身凸现，将后者内含的纵向绵延的时间向度开出为前景，将其横向的、内向的绵延向度置入自己生长的后景。生命世界，就这样向物理世界彰显自己的生长本质。既然生命时间从物理时间分身成为可能，那么生理时间从物理时间相中分身当然有了历史性的依据。物理时间的横向性绵延，为生理时间的横向绵延给出了绵延向度。

生命时间为了获取自己的意义，于是从时间向性中分身凸现出以横向绵延为前景的生理时间。

此时，物理时间、生命时间转化为生理时间的绵延背景，正如物质界、生命界沦为动物界的生存背景一样。

生命以大地为临界面向上下生长。生命时间以大地为临界点纵向绵延时间。生命时间的分身，只不过是时间向性从纵向过渡为横向，并凝结在生理时间上。所谓生理时间，无非是以横向绵延为前景、以纵向的、内向的绵延为后景的时间绵延方式。

普遍时间的临在

生理时间的出现，除了生命时间对意义追寻的作用外，还有普遍时间的临在。在终极意义上，世界中的时间相，无不是普遍时间的肉身化形式。没有普遍时间的在下承诺，生理时间的横向性，无法从生命时间中分身出来成为后者的意义昭示。普遍时间的普遍性，就在于以一种极端方式充分展开时间的向性。换言之，物理时间的体向性，必须在极致的"体"中实现时间的向性本质。在生命时间的纵向绵延中，呈现出物理时间的意义和普遍时间的临在。同样，在生理时间的横向绵延中，生命时间的意义与普遍时间对时间的具体承诺得以展示。

物理时间在生命时间中的主观化，构成生命时间的内涵。这种主观化，体现为生命时间的纵向绵延渗透活动，体现为生命的生长性。而生命时间的主观化，即是它的生理化，是将自身分身凸现为生理时间。因此，生理时间是生命时间的生理化形式。生理化，指生理时间以横向绵延的时间向度为前景打开生命界的意义活动。

第十七节　肉体生命在生命中生存的时间

从关于时间分身的言说中，我们言说了生理时间的诞生是由于生命时间的分身和普遍时间的临在，从而把生理时间定义为生命时间的生理化形式。

物理时间是生命时间的场所。物质在物理时间中通过体向绵延形成大地。这里的大地，指由大地上的各种物质构成的空间。正因为大地还有空间未被充满，生命世界才从物理世界中生出。作为自然生命在物质中生长的时间，生命时间以纵向绵延为前景、以大地为临界面上下地生长生命。自然生命在物质中，在时间性上即生命时间的纵向绵延以物理时间的体向绵延为背景。或者说，物理时间的横向绵延与内向绵延，形成生命时间绵延的后景。

生理时间的横向性

生命时间是生理时间的场所。肉体生命在生命中生存，在时间性上即生理时间以横向绵延为前景，将生命时间中的纵向绵延吸收为自己的后景。短语"在……中"表明的，是一种时间相的时间向性在另一种时间相中所处的关系。肉体生命以生命界为根基展开自己的生存性，以此实现在生命中的生存，正如自然生命以物质界为根基生长出自身。不过，自然生命的时间向性是纵向的，其上下绵延的临界点降落在大地上。肉体生命的时间向性却是横向的，它就在大地上左右绵延。因此，由肉体生命在生命界中生存形成的生理时间，是以大地为临界面横向绵延的时间相。个别肉体生命的生存，由其在大地上横向绵延的广度来确证。

作为肉体生命内在性的生理时间

生理时间为肉体生命的生存给出空间。物理时间中的过去、现在、未来，在生理时间中内化为以肉体生命的生存为时点的左右绵延。过去、未来微缩在现在的肉体生命的生存中。只要肉体生命生存，其现在性的横向绵延，就构成了由过去、现在、未来构成的时间向度。肉体生命在生命界中的生存广度，成为时间绵延的相对时段度。这里，既没有从过去经历现在到达未来的绵延，也没有从未来历经现在到达过去的绵延，只有肉体生命在现在中生存，只有由现在生存着的肉体生命在生命界中的活动。肉体生命从此获得其时间绵延的相对时段。

生存是生理时间横向绵延的动力。肉体生命的生存，即它在生理时间中的横向绵延，由此把自然生命与肉体生命区别开来。前者以大地为临界点以纵向绵延为自己时间向度中的前景，后者以大地为临界面以横向绵延为自己时间向度中的前景。肉体生命即使有暂时栖居即放弃横向绵延生理时间的时候，但是，此间的等待是为了活动作准备，为时间向性的横向绵延作预备。总体上说，生理时间比起生命时间来，其根本上是活动性的而不是静止性的。所以，大地上的任何地方都是肉体生命生存之家，以横向绵延为前景的生理时间是一种平面的时间绵延方式。

第十八节　生理时间的有限性

生理时间相对生命时间的有限性

生理时间从生命时间中分身，离不开后者的有限性的限制。生命时间在时段上的有限性，注定了其分身对象在时段上的有限性。生理时间在绝对时段内，是一种相对有限的时段，而且是短于生命时间的相对时段。生理时间相对生命时间的有限性，体现为在时段上两者的差距；它相对普遍时间的有限性，表明生理时间作为普遍时间的肉身化形式的承受性。它在根源上同普遍时间相关联，它以相对的时段同后者发生关联。

生理时间在普遍时间中的有限性

生命时间给与生理时间以有限性，普遍时间使这种有限性的生理时间成为相对时段。肉体生命以现在为时点在大地上左右绵延构成的时段，即肉体生命的生存。生存，首先是一种相对时段而不是一种无限绵延的绝对时段。这种时段的绵延向度为横向绵延。时间中的现在，为肉体生命生存的支点。过去、未来在时段上，等同于现在、等同于肉体生命的生存时段。普遍时间对动物界的创造，最初也是通过承诺肉体生命的相对时段来达成的。通过给与动物界以相对时段，动物界在大地上出场了。

肉体生命界中生死现象出现的原因

由于生理时间在时段上的有限性，由于生存即肉体生命以大地为家园、以现在为支点左右横向绵延的相对时段性，肉体生命便内含着生死现象。生是生存，是生理时间在大地上的横向绵延；死是死亡，是生理时间在大地上横向绵延活动的终止。动物界中的生死现象，不过由此而成为一种时间横向绵延的活动。死亡意味着这种绵延活动的终结，也表明肉体生命同自然生命的关系，肉体生命回归于自然生命中。前者因死亡而构成后者的养料，一如自然生命是物质自然的展开部分一样。

但是，肉体生命的生死还区别于自然生命的生灭。两者一同与生命相关联，可它们的内涵相异。自然生命的生是生长，是其以大地为临界点的时间的上下绵延或纵向绵延；灭为消灭，当然代表这种上下绵延活动的终止。肉体生命的生死，一方面指向以大地为临界面的横向绵延的生存活动，另一方面又指生理时间横向绵延活动的终止。生灭现象与生死现象，主要因为时间绵延向度的不同而分别存在于植物界与动物界中。

然而，肉体生命的死亡，还开启了生理时间的意义。假如世界中只有动物的生死现象和植物的生灭现象，普遍时间关于自身的自觉便不可能，甚至物理时间、生命时间、生理时间的差别的呈现也将化为虚无。恰恰是生理时间的继续分身和普遍时间的肉身化，昭明了心理时间作为一种时间相的价值。

第十九节 生理时间的客观性

我们从物理时间的体向绵延中展开出物质自然在的奥秘。在，即物理时间上下、左右、内外的绵延。我们从生命时间的纵向绵延中看到自然生命生长的本质。生长，即生命时间以纵向绵延为前景、以大地为临界点上下绵延的活动。至于生存，无非是肉体生命以大地为临界面的横向绵延，它更多地体现出时间的时段性而不是像生命时间那样更多地带有时间的时点性。在是物理时间的体向绵延，生长是生命时间的纵向绵延，生存是生理时间的横向绵延。这便是逻辑历史学的时间历史论分别关于物质界、生命界、动物界的差别性的回答。

肉体生命在生命界中生存的绝对时段度

生理时间作为普遍时间的肉身化形式，是普遍时间在世界中的承受者。它的有限时段性，最终由与普遍时间的绝对间距所确定。生理时间客观地被普遍时间设定，这表明生理时间的客观性，同时也是普遍时间的主观性的呈现。普遍时间承诺生理时间作为一种时间相的规定性，由此将后者同其他时间相相区别。而时间相之间的区别，最终由普遍时间与世界中的承受者的差别来确立，由承诺者与承受者的差别作出规定性。

生理时间客观地被普遍时间给出，这是生理时间的客观性的一部分。这种生理时间的客观性的另一部分，体现在生理时间与生命时间的关系上，体现在肉体生命在生命界中生存的绝对时段度上。

在生命世界中，生理时间是一种有限的相对时段。但是，这种相对时段绝对地被绵延，客观地被横向绵延所规定，客观地在生命时间中享有不可改变的时段。如果借用权力观念来描述它，这便是动物的生存权，是包括人在内的一切肉体生命在生命界中横向绵延时间的权力。

生理时间的客观性，只是指明肉体生命的相对时段的绝对性，而不表明生理时间与人的无关联性。从后面关于心理时间的探究中，我们就能明白心理时间之外的其余时间相与心理时间的根本关联和在心理时间中的功能。个别时间相的客观性，在逻辑历史学的时间历史论中，指它们与普遍时间之间存在着的承受者与承诺者的关系，和个别时间相之间的分身关系。作为承诺者的普遍时间是主观的，作为承受者的时间相是客观地被承诺的，因而是客观；作为分身母体的时间相是主观的，作为分身子体的时间相客观地被分身因而是客观的。普遍时间的肉身化与时间相之间的分身，成为世界中的历史图景诞生的根源。前者给出了每种时间相的差别，后者为这种差别的时间相的呈现给出现实的机能。

分身凸现的机制

一种时间相向另一种时间相的分身，主要通过内含于时间相中的时间绵延向度的转换与凸现来达成。在物理时间中，时间绵延以体向的维度展开；在生命时间中，时间以纵向绵延为前景以横向的、内向的绵延为后景；在生理时间中，时间以横向绵延为前景以纵向的、内向的绵延为后景。无论在生命时间中还是生理时间中，时间中的过去与未来在时段上相等，现在作为一种相对时段等同于过去、未来所绵延的时段。这向我们表明：现在在追问时间绵延中的根源性地位和作为普遍时间呈现之在的规定性。本真的历史起源论的根据就在这里：不是未来与过去构成时间的起源，而是现在或普遍时间呈现之在构成时间的起源。

至于普遍时间的肉身化，这是在描述时间相作为承受者时借用的基督教关于言成肉身的观念。上帝为言，取耶稣基督的形象，以其灵生、爱道、受死、复活、升天、再来、审判显明自己的言性。同样，普遍时间取形时间相展开自己的普遍性。作为承诺者的普遍时间和作为承受者的时间相的差别，是时间相之间的差别性的根源。因为，普遍时间以不同的时间相来展开普遍时间的自我差别。

普遍时间通过时间中的现在的在下性，呈现在时间中的现在之中，现在的在上性使这种普遍时间的承诺获得了承受的根基。世界中的个别时间相，在上承受普遍时间关于自身差别的承诺；普遍时间在下通过在现在中的呈现，承诺个别时间相之间的差别。承诺者与承受者通过现在的在上性和在下性，把普遍时间与个别时间相关联起来。

现在的在下性，还把个别时间相与历史关联一体。在逻辑历史学的时间历史论中，现在成为历史与时间、时间与终极信仰的中介。现在的在上性，构成时间与终极信仰的中介；现在的在下性，构成历史与时间的中介。现在带着终极信仰的承诺内容，在下绵延在历史中。历史人物信仰的差异性和由此造成的历史事件的差异性，最后都归结于终极信仰的自我差别性。终极信仰作为终极的信仰，把自身同其他一切对象分别出来、呈现出自我差别。现在的在下性，把这种终极信仰的自我差别实现在历史中，让历史中的人物与事件呈现差别。

普遍时间的自在永在，承诺它的普遍性。在此意义上，普遍时间是自己给出自己，同历史世界中的时间相没有必然相关性；但是，普遍时间的普遍性，还是一种向着历史世界中的个别时间相开放的普遍性[1]，一种向物理时间、生命时间、生理时间、心理时间、社会时间、历史时间呈现的普遍性。这便是普遍时间与个别时间相的相关性。它具体通过现在的在上承受和在下承诺来实践。个别时间相在上承受来自普遍时间的差别性规定，在下地在物质界、生命界、动物界、人物界、人间界和人类界中转化出普遍时间的无限时段。

在普遍时间与终极信仰之间，也有相关性的一面。终极信仰作为人类历史信仰中的根源逻辑，它自身给出自身的差别性。其差别性的规定性即自在永在性、终极信仰的自我终极性。作为终极的信仰，终极信仰自身开出自身的差别性，自身同其他一切信仰方式相差别。不过，基督教的上帝即自在永在。正是三位一体的上帝本身，给出了普遍时间在时段上的自在永在和终极信仰在信仰对象上的自在永在。终极信仰与普遍时间只是从不同方面呈现上帝的自在永在，在终极意义上同为上帝的承受者。

第二十节 生理时间的意义

时间向度的转换和凸现

物理时间以体向绵延的方式打开物质自然的在，其体向性内含横向的、纵向的、内向的三维向度。物质界中的任何物质包括人造的对象，无不显明上下、左右、内外的三重关系。生命时间通过凸现物理时间中的纵向绵延从中分身，以此昭示出生物界中自然生命的生长性。生物界的生长性和生命时间的纵向性，是在承受了时间中的现在的在上性和在下性后立即以物质界为

---

1 在笔者 1997 年的书稿中，"历史世界"，并不是和物质世界、生命世界、动物世界、人物世界、社会世界、神圣世界并列的范畴，而是作为它们的最终归宿或收纳者。同样，笔者也是这样来理解"历史逻辑"之范畴，进而认为"历史逻辑"内含语言观、时间观、正义观与信仰观。它是《日本历史的逻辑》在观念谱系上的延续。然而，2007 年后，笔者意识到："历史逻辑"仅仅属于"世界图景逻辑"中的一维，属于和语言逻辑、时间逻辑、自我逻辑、自然逻辑、社会逻辑乃至神圣逻辑并列的一维。它们共同生成了人的世界图景。

根基打开普遍时间的普遍性。由生命时间分身出的生理时间，以凸现物理时间中的横向绵延为时间出场的方式，以此给出动物界中一切肉体生命的生存本能。生存可以用生理时间的横向绵延来阐释，生存即肉体生命在大地表面横向绵延时间的活动。一种时间相向另一种时间相的分身，因此是一种时间向度的转换和凸现。这种过程，是普遍时间在下地呈现自己的普遍性于现在之中的努力。而且，时间相的分身，为个别时间相给出了追寻其意义的可能性。

从横向绵延到内向绵延

从关于物理时间、生命时间、生理时间的意义追寻中，我们看到了时间相中的分身现象对给出一种个别时间相的价值。生理时间作为生命时间的分身子体，其意义只能在生命时间和物理时间两相之外去寻得，而不可能在分身母体中发现其意义。

物理时间内含的体向绵延的时间向度，除了以纵向绵延的时间向度为前景和以横向绵延的时间向度为前景外，还有内向绵延的时间向度没有凸现。于是，生理时间的意义就在于把物理时间的内向绵延向度凸现在心理时间中，在于完满地达成物理时间的体向性。

从生存到存在

生理时间的心理化，从时间向度的规定性上表现为内向绵延的出场方式，从生理时间中分身出心理时间并以内向绵延的时间向度为前景以纵向的、横向的绵延向度为后景。关于世界的陈述又多了一个存在性的概念。世界不仅有物质自然的在，而且有自然生命的生长；不仅有肉体生命的生存，而且有意识生命的存在。由于从生理时间中分身出来的是心理时间，由于从肉体生命中分身出意识生命，我们关于价值的差别相和个别时间相的言说才最终实现了逻辑历史学的言说。因为，逻辑历史学的使命，是要全面追问各种现象的差别，追问在、生长、生存、存在等观念的差别。从前的哲学，由于混淆了这些基本观念而没有能够展开出世界的历史图景和逻辑图景[2]，并且由于忽视了对时间的具体言说而没有给出世界的个别世界相——物质界、生命界、动物界、人物界、人间界、人类界——的差别和个别时间相之间的差别。

---

2 这显然受到20世纪80年代汉语学界盛行的历史与逻辑相统一的方法论的影响。

　　生理时间的心理化，在个别时间相中分身出心理时间。它在时间向度上以凸现内向绵延的时间向度为前景；在关于个别世界相的规定性中生出了存在这个关涉人的意识生命的根源观念；在时间相的转化意向上是从生理时间向心理时间的实践。

第六章　心理时间

生理时间的心理化

　　生理时间的心理化，是为了在心理时间中显明自己的意义，它为心理时间的出场提供肉体性的根基。但是，这种生理时间相的分身，最终受制于普遍时间的介入。没有普遍时间作用于生理时间，没有终极信仰在生理时间中置入分身的意向，心理时间与其他时间相的差别不可能呈现在历史图景中。

普遍时间的在下承诺

　　普遍时间不但相对物理时间、生命时间、生理时间是普遍的，而且相对心理时间也是普遍的。它相对一切个别时间相无不呈现出自身的普遍性。这种普遍性，具体通过时间中的现在的在下承诺，承诺个别时间相的差别性得以达成。从关于物理时间、生命时间、生理时间的向度分析中，我们展开出在各种时间相中现在的根源作用。借助对物理时间中的内向绵延向度的凸现，普遍时间把内向绵延承诺为心理时间在时间绵延上的前景，而将纵向的、横向的绵延为后景。这种后景置入，使物质界、植物界、动物界成为人物界的活动场所或背景。顺便说一下，逻辑历史学关于个别时间相、个别世界相的区分，是基于它们的差别性和相关性的分析，它们彼此之间没有任何进化论的涵义。由于各种时间相的逻辑关联，才使它们呈现为物理时间、生命时间、生理时间、心理时间、社会时间、历史时间的时间历史图景。如何背靠终极信仰分析个别时间相之间的差别性与同一性，构成逻辑历史学的时间历史论的使命。这也是时间神学的真正内涵。

第二十一节　意识生命在肉体中存在的时间

个别时间相的质素

生理时间的心理化与普遍时间的心理化，一同分身出心理时间。正是生理时间与普遍时间的交叉作用，促成心理时间在时间相中的出场。出场就有出场者，出场的场所和出场方式。这三者共同构成任何个别时间相的内在质素。

心理时间的出场者不是肉体生命，不是自然生命，不是物质自然而是意识生命。物质自然作为自然的物质，人只能发现其在的自律性，借助自己的意识能力对其加以描述；物质自然表达的是一种静止性的在，一种体向绵延的时间主体。自然生命以物质自然的在为生长场所，所以它是自然的；但它还有生长性，还有以大地为临界点的纵向绵延活动。肉体生命以自然生命界为生存背景，以在大地上横向绵延时间为活动内容。大地成为肉体生命的生存家园。意识生命依赖时间向度的分身凸现和后景置入，既表达了心理时间相与其他时间相的差别，又把它们的相关性展示出来。心理时间中的出场者意识生命与其他时间相的差别，在于它的意识能力，在于把自身同其余时间相的出场者区别开来的能力。所以，意识生命即生命意识。正是意识生命在心理时间中的出场，使逻辑历史学关于历史图景的言说成为可能，使各种个别时间相的特质得以呈现。另一方面，意识生命还是属于一种生命现象，一种与物质界、植物界、动物界内在关联着的现象。没有后者，意识生命就没有存在的场所。哲学中的意识与物质的关系，在根本上是一个伪问题，因为意识生命本是统一性的存在者。何况，广义的物质概念通过人的肉体已经在人的意识生命中得到了呈现。人为地把意识与物质分开，源于对心理时间的出场者——意识生命——的无明。或者说是分离者的意识生命的自我分离所致。

意识生命出场在身体中。这表明了意识生命与其他个别时间相的出场者的关联性。当然，这里的身体，有动物界、植物界、物质界的规定性。人的身体即世界之物的缩写。意识生命在身体中出场，涵盖两方面的内容：一是意识生命关于自身与身体的差别性自觉，一是它关于世界的物性——包括物质性、植物性、动物性——的自觉。意识生命以什么方式在身体中出场呢？从关于心理时间的定义中，我们说它以存在的方式。

心理时间的内向性

　　意识生命的存在与肉体生命的生存有何差别呢？前者是以时间向度中的内向绵延为前景，将纵向的、横向的绵延向度后景置入于意识生命之中；后者以横向绵延为前景在大地面上展开生存活动。存在因为意识生命向自身意识而成为内向性的时间绵延方式。在人的存在中，人将时间中的现在置入于自己的意识中，或将意识置入于自己的当下的现在中。人能够意识到自己当下的存在处境，意识到自身与物的差别。意识生命之所以是心理时间的出场者，因为它首先向自身打开时间的历史性。

　　心理时间的内向性，是人的存在的规定性。内向性表达的，是心理时间内外的绵延向度。它区别于向内性。意识生命并没有在内向性的时间绵延中终止自己的存在，也不以向内绵延为目标。它对自身的意识通过时间的内向绵延而被外在于它的他人所见，进而向他人开启自己的存在。人存在的社会性的最后根据就在这里。

　　心理时间内向绵延，把时间中的现在直接呈现在人的意识中。意识生命作为意识的发出者，能将自身置于自己的意识对象中。不过，以自身为意识的意识对象，在意识中不是一个现成物而是一个被生成者，正如心理时间中的内向性是意识生命意识自身的产物一样。人向内打开自己，向自己打开自己，同时是向他人打开自己的存在。那被打开的自己即人的意识生命、人的自我。心理时间的内向性这种内外绵延时间的方式，是人能够将自己的意识对象从自身转向他人与它物的时间论根据。

作为意识生命内在性的心理时间

　　意识只要在意识，人的心理时间的内外绵延的临界面便在自我生成。这标明人的现在性存在处境。人始终是在现在中存在，是在承受终极信仰的临在中生成。人的存在，在同一的意义上同动物的生存、植物的生长、物质的在相关联。其时间论的根据，由时间绵延向度的后景置入所给与。人的在即人的身体。他不同于物质界的以体向绵延为时间向度的物体，而是一个在生长、在生存的身体。它和植物一样向上生长同时在某一刻停止向上生长（但植物依然会向下扎根或横向生枝），和动物一样为了生存而活动（但人的活动区域趋向无限化而不是被本能限定在一个地方）。身体的一切活动，却有不同的指向、不同的内涵。这便是关于人的差别逻辑，或关于人的差别性规定。

人在差别的意义上，同物的在、植物的生长、动物的生存持有差别。人存在的过程，即人生成自己的差别性的过程。人的自我生成，通过人的意识生命在肉体中的存在、通过人在现在中对意识生命的差别性意识来实践。意识生命区别于肉体生命、自然生命、物质自然的地方，在于它能够意识到自身与它物的差别，包括自身与他人的意识生命的差别并构成此种差别。同时，它也能够意识到自身和自身的同一。这种同一性的确认，即人的身份意识。意识生命在此成为生命意识，成为一种生成自我的差别能力。人利用这种能力，在现在中、在时间的内外绵延中生成独立的我体。

我体是人在时间向度上内外绵延产生的临界面。心理时间作为以内向绵延为前景、以纵向的、横向的绵延为后景的时间相，其基本使命在于构造人的我体，生成人在时间绵延中的临界面。在关于生理时间、生命时间的追问中，我们见到大地在这两种时间相中的临界作用。

换言之，生理时间、生命时间选择现成性的而非生成性的大地为自己的临界面、临界点。但是，在心理时间相中，人没有现成的临界对象可供选择，人的身体不是人的大地。人只有现在地构成自己的大地、构成自己的内外绵延时间的临界面。此种心理式的大地，通过个人在现在中承受终极信仰的承诺得以形成。人还能自觉到自己在承受终极信仰，自觉到自己在现在中，自觉到自己的现在即终极信仰的临在，并将过去、未来现在化。一旦丧失意识能力，人关于历史世界及逻辑世界的分别最终都会陷于混沌。不仅没有关于现在、过去、未来的差别性自觉，而且没有关于普遍时间的时间相、普遍价值的价值相的差别性言说。

人在现在中承受终极信仰的承诺。这种承受向内生成人的我体，向外展示人的自我。人的我体即人的存在，是人与人、人与物的差别性规定。所谓心理时间的内向绵延，就是要使意识生命在时间的现在之元中生成个人的独立我体。"现在是谁在开始 现在又是谁在结束 不必回头去看 你就在你的对面 你面对的就是你自己 你知道你离你有多远……你就是一块缩小的时间。"[1]人是一段储蓄着、叠加着现在的时间。但是，我体在人中的诞生和持存，离不开人在现在中对终极信仰的呼唤，离不开人在心理大地上对终极信仰的信仰，也离不开时间中的现在之元。因为，作为相对时段的现在由终极信仰的在下承诺来确立。

1　参见诗歌《上天从不说话》，芒克：《一年只有六十天》，南京：译林出版社，2018年，第160-161页。

　　人在与广义的自然的关系上形成人的主体。这里的广义自然，包括物质界、植物界、动物界，还内含人自身的身体[2]。在与他人的关系上人形成个体。真正的个体，只能由在人与自身的关系中生成的我体来设定。人作为我体、个体、主体与时间的相关性，属于逻辑历史学的时间历史论探究的对象。人分别作为我体、个体、主体的差别性，属于逻辑历史学的价值逻辑论的对象。

第二十二节　心理时间的有限性

　　一种时间相的有限性，可以从其原因和在场方式两方面加以言说。时间相的分身，为被分身的时间相给出有限性的规定性。普遍时间对个别时间相的在下承诺，导致个别时间相作为承受者的有限性。

心理时间相对生理时间的有限性

　　个别时间相的分身母体的有限性，是其分身子体有限性的根源。心理时间从生理时间中分身，表明心理时间对生理时间的有限性。另外，一种时间相从另一种中分身，不能没有普遍时间的介入，是普遍时间规定心理时间作为意识生命的存在方式和人的存在方式。由人的心理时间内外绵延形成的心理世界，即人所存在的世界。它不是一个现成的世界，而是一个生成的世界，一个由人的生命意识自我构成的世界。心理时间的特殊性，就在于它是被生成的时间相而不是以现成性的方式在场的时间相，尽管在终极意义上它在时段上受到物理时间、生命时间的限定。由意识生命生成的心理时间向内绵延生出人的我体，向外绵延向他人表达人的个体。

　　普遍时间对心理时间的介入，通过人在现在对自在永在的普遍时间的召唤来实践。自在永在的普遍时间即永恒。人在现在承受永恒的承诺，以承受者的身份信仰普遍时间。这种承受构成的相对时段，既是人的现在，又是人的存在。而且，心理时间能够意识到自己的相对时段性，并对其余时间相的相对时段性在意识上作出规定[3]。普遍时间和其余时间相的有限性之间的差别就在这里。前者是自我意识的有限性，后者是被意识的有限性。

2　没有所谓的身体界，因为每个人的身体都是独立的，并不存在一个像森林式生长的"身体界"。

3　笔者正在进行的时间历史论的讨论，就属于这种规定活动的体现。

心理时间在普遍时间中的有限性

　　心理时间的有限性，表明心理时间是从生理时间分身而来，同时它是普遍时间的承受者。既然只有普遍时间是唯一的无限时段本身，那么心理时间就是一种有限时段；既然在生理时间与心理时间之间是分身母体与分身子体的关系，那么心理时间就是一种相对生理时间的有限时段。由于心理时间的被生成性，心理时间的相对时段并不是持续在场的时段，而是有可能断裂的有限时段。心理时间的延续，依赖于个人对终极信仰的亲近。只要人不停止对终极信仰的信仰，只要人在现在中承受着普遍时间的承诺，人的心理时间作为相对有限的时段就是一种持续的时段。一句话，心理时间、意识生命、人的存在、人的现在，无不是被生成的结果，而不是一种像石头、树木、花草一样的事实性的在者。

意识生命界中存忘现象出现的原因

　　意识生命在意识自身与它物的时候，人的心理时间的内向绵延活动便开始了。此种心理时间的持续，即人的存在。相反，一旦意识生命停止构建人的我体及意识外物的时候，心理时间将终止内外绵延，人陷于忘却或麻木状态。人在存在之时，是他在生成我体之时和向他人显明自己的自我之时。人的存在被展开。人生起自己的存在，生起自己与他人和它物的差别。相反，人就遗忘自己的存在，遗忘自己与他人、它物的差别，使自身归回肉体性的生存中，归回植物的生长与物质的在中。这种回归，表现为人不断物化、植物化、动物化的过程。甚至，人根本不可能有这种归回的意识。人在遗忘中遗忘了个别时间相、个别价值相的差别，遗忘了自己作为人与物的差别。

　　由人的心理世界中的遗忘和生起构成的心理现象，被称为心理时间的有限性的在场方式，简称为存忘现象。它同生理时间的生死现象、生命时间的生灭现象、物理时间的有无现象分别成为个别时间相的有限性的在场方式。它们昭示出个别时间相作为普遍时间的承受者命运。

　　在人的遗忘中，最可怕的是对人自身存在的遗忘。人忘记自己的当下存在、人的现在，遗忘了自己处于现在之中、处于承受普遍时间依托的终极信仰的承诺之中，最终走向对上帝的遗忘。这成为人遗忘普遍时间和终极信仰的根源。人由此信仰虚无主义。不过，绝对信仰虚无主义的不可能性，迫使人返回到自己的身体、以之为自己的信仰对象。其外在化，表现为人相信动物的生存、植物的生长、物质的在的价值，相信人维持身体的价值。这时，人甚至把动物的生存、植物的生长、物质的在当作自己的存在内容，进而退化为动物般的生存者、植物般的生长者、物质般的在者。人在对虚无主义的信仰中，生成为一个丧失意识生命的在者，一个只意识到自己的生本能与物本能的在者，一个以人的本能为自己的本质的在者。人不再作为人而存在，这就成为人在意识中追求的存在内容，虽然他们不会在文化上公开这样宣讲。心理时间，既不向内绵延构建人的我体也不向外绵延显明人的自我。人退化为没有我体、没有自我的生存者。在差别性的意义上，人与动物、植物、物质的差别呈现为无差别。人在遗忘自己的存在中只有对动物的生存、植物的生长、物质的在的生起。因为人毕竟处于心理时间的统治中，哪怕只能以遗忘的方式表达心理时间的有限性在场。相反，为了生起人的存在，人必须守护自己的意识生命，必须意识到心理时间的主观性与客观性。

第二十三节　心理时间的主客观性

物理时间以体向绵延为在场方式。其中内含的内向绵延向度，是物理时间能够在心理时间中被意识到的根源。人有能力意识到物质界的在，因为物质界的在预备有心理时间的内向绵延向度，并且指向这种绵延向度。物质的内外关系，使人能够现实地参与和操作其在。不过，在物理时间中的内向绵延以立体的方式出场，不像心理时间的内向绵延以前景开出的方式在场，尽管这种前景开出在心理时间相中始终是生成性的。没有意识生命在生命中的意识，内向绵延的心理时间向度将消失。消失了前景的人，则只有纵向的、横向的时间生成向度。它们把人降格为植物性的生长者、动物性的生存者。

心理时间的主观生成力

在生命时间与生理时间中，内向绵延的时间向度以后景置入的方式在场。正是这种后景置入，给出心理时间自觉生命时间和生理时间以可能性。意识生命在意识生理时间与生命时间时所接洽的时间渗透向度，就是由其后景置入的时间向度。人为什么对物质的在、植物的生长、动物的生存有意识？因为人是由心理时间绵延构成的我体。我体的内向性，为其意识物理时间、生命时间、生理时间提供了通道。相反，正是物理时间、生命时间、生理时间内含的内向绵延的时间向度与以内向绵延为前景的心理时间的交通，构成了人对它们三者的意识和差别逻辑。人同物质自然的在者、自然生命的生长者、肉体生命的生存者的关联，在时间论的涵义上通过个别时间相的后景置入与前景开出得以实现。只是在物理时间中，后景置入与前景开出显现为同一事件。

以上关于心理时间怎样构成物理时间、生命时间、生理时间的差别的追说，向我们揭示了心理时间的主观性。对被追说的三种时间相而言，心理时间是其差别性的给与者，它给与物理时间的体向性、生命时间的纵向性、生理时间的横向性以差别。不仅如此，它还生成自己的个别性、自己与其余时间相的差别。这种心理时间的生成力，即心理时间的主观性，因为它不是现成的而是不断被自身生成着的、被自我给与着的时间相。在此意义上，心理时间的内向性就是它的生成性。这不同于胡塞尔关于意识的意向性。意向性的意识指向着对象。"对作为意识，作为关于某物的显现的存在的基本特征的述语表述来自经院哲学，即意向性。在非反思地意识到某些对象的同时，我们'朝向'这些对象，我们的'意向'指向这些对象。"[4]在心理时间中，生成者与被生成者却是同一的。其间被生成的对象，不是在生成之前预先地被意指、被虚设的意向对象。

就人作为个体生命而言，心理时间不同于其他时间相，因为在个人的意识生命没有意识活动之前，心理时间作为差别性的时间相不成立。甚至，意识生命自身也是一个虚无。对没有心理时间的人言，他没有自我与我体，没有意识生命与存在的差别性自觉，他与物质界中的在者、植物界中的生长者、动物界中的生存者之间没有差别性的规定。他最多是一个由在、生长、生存三种活动混合支配着的身体。他的存在本质，由生本能与物本能充溢着。

作为被给与者的客观性

心理时间的主观性，为物理时间、生命时间、生理时间分别作为一种差别性的时间相的出场设定了根据。毋宁说，它就是这种差别性的给与者。另外，心理时间的主观性，还体现在它的自我生成这一特点上。心理时间靠什

4　胡塞尔：《现象学的方法》，倪梁康译，上海：上海译文出版社，1994年，第168页。在意识意识意识者之外的物时，意识的确指向着某物。当意识意识自身时，意识的对象就不是在先地被给与的而是在意识中生成的。

么实现时间的内向绵延呢？它借助的是意识生命的自我意识与对它物的意识。人意识意识生命，他把自己的在、生长、生存当作对象来意识。他甚至将自己的意识当作对象来意识。[5]作为意识生命的意识者，人是主观的；作为被意识生命意识的意识者，人是客观的。

意识生命在身体中存在的绝对时段度

生理时间的分身凸现和普遍时间注入的分身意向，才是心理时间作为一种差别性的时间相得以出场的条件。心理时间虽然最后是以意识生命对自身和它物的意识构成的相对有限时段，但其出场的空间却在先地由普遍时间给与。普遍时间的在下承诺，注定了以个别时间相的方式而在场的心理时间的客观的承受者身份。无论心理时间怎样自由地生成自己的相对时段，它始终摆脱不了作为个别时间相的在场方式，摆脱不了在承受普遍时间的承诺中所表现出的客观的被给与性。因此，心理时间通过意识生命构成的相对有限时段，代表一种客观的存在度，即意识生命在身体中存在的绝对度。意识生命中的存忘现象，客观地确立了这种时段的绝对度。个人所面临的死亡，无非是意识生命对自身的相对有限性的绝对完成。

心理时间，是由意识生命的被生成者和生命意识的生成者一同生成着的相对有限时段。正因为个人的心理时间的内向绵延带有生成性，其心理时间的主客观性的内涵是不确定的。当意识生命转向对自身及它物的差别性的意识的时候，它便在增强自己的主客观性。当以同一性的寻求为生命意识的目的的时候，其主客观性就在缩减。所以，作为生成着的主客观性，心理时间是一种不确定的主客观性。[6]

第二十四节 心理时间的意义

个别时间相的意义给与者

在普遍时间通过现在在下承诺的个别时间相中，心理时间和其余个别时间相一样是承受者。但是，在个别时间相之中，心理时间却是它们的意义的

---

5 其代表性的著作，就是黑格尔的《精神现象学》。参见黑格尔：《精神现象学》，先刚译，北京：人民出版社，2013 年。

6 后现代文化所强调的人的存在的不确定性，在时间历史论中就是基于人的心理时间的主客观性的这种不确定性。

设定者。从物理时间中分身凸现出的生命时间和从生命时间中分身凸现来的生理时间，直到生理时间向心理时间的分身凸现为止，所有的分身凸现无不是为了追寻时间的意义之源，无不是为了发现一个能够规定自己作为个别时间相的差别给与者。心理时间承受普遍时间的承诺，从建立自身的差别着手建立各种个别时间相的差别。它首先在自我生成的差别性中表明自己的意义，然后将此差别意识力推及到普遍时间其余的在场方式，以确立它们之间的差别。

通过个别时间相之间的分身凸现和个别时间相之内的前景开出与后景置入活动，以及普遍时间的在下承诺，生命时间、生理时间、心理时间，完全地实践了物理时间体向绵延的维度。生命时间从物理时间内分身以纵向绵延为前景，生理时间从生命时间中分身以横向绵延为前景，心理时间从生理时间中分身以内向绵延为前景。时间相之间的分身凸现，发生在个别时间相内部。因此，从物理时间相内部开出的生命时间相、生理时间相、心理时间相，完全地达成了时间的现成性向度。因为，这种向度在先地内含在物理时间的体向绵延中。

现成性时间相与生成性时间相

不过，从对心理时间的生成的分析中，我们见到心理时间的主观性的一面。心理时间和物理、生命、生理诸时间相的差别，在于其时间的现成性向度由其生成性向度确定。心理时间的内向绵延的深度，取决于其出场者的意识生命意识自身及它物的深度。所以，心理时间的内向绵延的现成性由生成性规定。

物理时间、生命时间、生理时间的客观性，给与它们各自以现成性向度的性质。从心理时间分身凸现而来的社会时间和从社会时间分身凸现而来的历史时间，由于心理时间的生成性本质而成为生成性向度的时间相。社会时间相、历史时间相中的生成性时间向度，是其主观性的根据。

从内向绵延到向他绵延

社会时间与历史时间的生成性，源于心理时间的生成性。于是，在这两种时间相中，现成性的时间向度停止了前景开出与后景置入的交叉活动，代之而起的是生成性的活动。在社会时间相中，是以心理时间向内绵延生成的我体向他的绵延；在历史时间相中，是向他绵延的心理时间的我体向祂的绵延。这样，普遍时间终于在个别时间相中，完成了从主观化到客观化的历程。心理时间尽管自己生成自己的相对有限时段，但这种生成以内向绵延的时间向度为前景。内向绵延，代表意识生命内外绵延时间的向度。所以，在心理时间的内向绵延中，必然包含着向他人开起自我的可能性。假如内向绵延变成向内绵延，那么其绵延而成的相对有限时段就会耗尽在虚空中。意识生命永无休止地向内沉沦。正因为心理时间的内向性，才为其社会化给出了内在的必然性。这显明了人的社会性的时间论根据。内向性的心理时间本身，就是向我与向他的时间绵延统一体。心理时间内向绵延生成的人的我体，必然是对他人而言的一个向他的我体即个体。我向他显现我的我性，我在和他人的共在中对象化我的我性，从而显明我作为个体生命的共在。否则，我的我性在何处呢？[7]

从存在到共在

另外，有必要强调的是，意识生命的我体，不仅仅是在社会时间的向他绵延中确证自己，而且还借助历史时间的向祂绵延。我体在时间上作为独立的差别性时段，最终来自于心理时间的在上承受或普遍时间的在下承诺。只有普遍时间在下承诺心理时间的差别性，在心理时间中生成的我体才能有属于自己的相对有限时段，我才有我的存在空间。人在同他人分享意识生命的我体存在中，建立起精神生命的共在。

7　有人自以为自己有高深的思想即我体，但这种没有向他人显明的我体，其实是没有个体的我体，因而他只是一个混沌的日常存在者。

第七章　社会时间

心理时间的分身凸现

以内向绵延为特点的心理时间，自身就开出了社会时间相作为一种差别性的时间相成立的必然性。心理时间以内外的方式，生成自己存在于普遍时间中的相对有限时段，通过现在对终极信仰的意识确保自己的相对有限时段性。在心理时间中，现在意指一种生成着的时段而不是一个固定的时段。在被生成着的有限时段中，心理时间向内生成人的我体，向外显明这个正在生成的我体——相对他人的自我，一个和他人共在的自我，一个作为个体的自我。心理时间向内绵延，最后是为了把其上的终极信仰带到人的存在之中，通过个人的存在对终极信仰的承受实现与他人的共在，与他人共在于其心理时间之上的终极信仰。

心理时间的分身凸现，不同于物理时间、生命时间、生理时间之处，在于它所凸现出的不是个别时间相的一维绵延向度而是其自身的所有向度。更准确地说，心理时间分身凸现出的是全部生成着的时间向度。因此，在从心理时间分身而来的社会时间中，不再有前景开出与后景置入的交叉活动，因为心理时间在社会时间中不过是分身出自己的另一面。但是，心理时间的内向绵延的生成性，在社会时间中则成为向他绵延的全部特点。心理时间中处于后景中的纵向、横向绵延在社会时间中，一同参与着生成性的内向绵延，一同构成以向他为绵延向度的社会时间。

普遍时间的在下承诺

除了心理时间的分身凸现的作用外，社会时间这种独立的时间相，还必须有普遍时间的在下承诺。普遍时间在心理时间中，借助承诺其内向绵延的生成性确立其差别，在社会时间中承诺了它的向他性。在心理时间中，虽然的确有向我与向他的统一现象，但从差别的视点看，心理时间侧重于向我的一面，社会时间则突出向他的一面。所谓社会时间，无非是在承受着无数内向绵延的心理时间之积。

普遍时间在下承诺社会时间的向他性，社会时间在上承受普遍时间的承诺，形成一个以共同的他者为信仰对象的相对有限时段。任何个人只要有心理时间，他就处在与他人共同的社会时间中，他们共同分享着以走向对方为目的的时间绵延时段。这便是心理时间的社会化。

心理时间内含的内向绵延的时间向度本身，开出了社会时间出场的必然性，普遍时间相对个别意识生命的存在者的普遍性为社会时间注定了出场方式——共在的方式。

第二十五节　精神生命在他人中共在的时间

相对个人言，社会时间是个人的心理时间在他人中所占有的相对有限时段；相对人类言，社会时间是每个人的心理时间共同生成的相对有限时段。前者是从社会时间的根源论对它的定义，后者源于其存在论的规定——作为个别时间相而出场的社会时间。

在关于个别时间相的规定性言说中，我们主要从出场者、出场方式、场所三方面加以展开。社会时间是精神生命以共在的方式在他人中生成的时间相。

精神生命与意识生命的相关性与差别性

和意识生命一样，精神生命不是一个事实性的而是一个生成性的在者。无论对个人还是人类，并没有一个现成的摆在什么地方的精神生命，没有一个让人直接享受的精神生命。只要有人在意识，精神生命就在被生成着、被发展着。不过，精神生命毕竟不同于意识生命。因为，意识生命占有时间的方式是内向绵延的，这给与它以向我生成我体的特点。它以向我生成的方式生成自身。意识生命为了我的生成而对生命加以意识，以生成个别性的我体。

相反，精神生命作为向他绵延的时间出场者，它向着人之外的他而去，在他那里构成自己的我。它生成自身的目的，是为了在他人中生成自己的相对时段。所以，精神生命比起意识生命来，更具有社会性的一面。人的社会化，首先是意识生命的他人化，他人化的意识生命，生成相对每个意识生命者的精神生命。在这个意义上，精神生命是所有意识生命共在的处所，而且是一个在生成性的处所。个人始终在精神生命中意识自身而走向他人。

共在与存在

意识生命的向我性、我体性与精神生命的向他性、社会性，决定了两者的在场方式。一个是存在的，一个是共在的。

存在永远是我自己的存在，我个人的存在。除了我自己的意识生命外，没有人能够代替我去意识我的生命。外在的事物、外在的"南山""湖水"，都可能是对"我的意识"的锐化。"过去、现在和将来／都有人感受到无名的痛楚／漂浮在体内　像刚烘热的鸡蛋／缓缓凸起／又在盘中下沉／那一堆养料在体内循环／／过去、现在和将来／它都存在：被叫做'意识'的东西／虽然它一变再变／虽然它在晨曦中高涨／漫过五脏六腑／在暮色下退去／变成时间的胆固醇。"[1]其实，这个"时间的胆固醇"就是积淀着的"我的意识"。况且，人的意识生命活动的最后指向，是生成意识生命者的我体。这个我体，正是个人作为个人存在的原因。关于人的存在的"我"性，在海德格尔关于此在的分析中已经被揭示。[2]不过，这个我，依凭自身能够真正地确立自己的我性吗？如果没有终极信仰在下承诺我在现在中的绝对性，我借助什么持存其我性呢?既然我是一个被生成的我，一个生存论（existentialism）、存在论（ontology）上的我，那么，我显然不能自我确立。海德格尔正是通过此在的"自己性"给出此在在"此"的根据，[3]胡塞尔由此指出海德格尔思想中的人类学倾向。

1　参见《退潮》，翟永明：《行间距：诗集 2008-2012》，重庆：重庆大学出版社，2013年，第 136-137 页。

2　海德格尔：《存在与时间》，陈嘉映、王庆节译，北京：生活·读书·新知三联书店，1987 年，第 144 页。另外，我选择"存在"来标明人的在而将"生存"特指动物的在。因为在汉语语境中，无论给与"生存"概念以多少生存论、存在论的涵义，它都无法摆脱其生物学的规定性。本书以在、生长、生存、存在、共在、同在分别标明物理时间、生命时间、生理时间、心理时间、社会时间与历史时间的在场方式。因为在物质、植物、动物、人物、社会、历史之间，具有差别性的规定。

3　海德格尔：《存在与时间》，陈嘉映、王庆节译，第 147、163 页。

然而，在逻辑历史学中，存在区别于物质自然的在、植物的生长、动物的生存。它是人的意识生命在时间中的在场方式。其个别性，最终由现在之上的终极信仰承诺。换言之，存在作为人的存在本身，不是因其本身而是因为终极信仰的在下承诺而存在。个人在意识生命中的我性与存在性，一同源于其上的终极信仰，使它们结合为人的我在与我存。

海德格尔在《存在与时间》中还探究了共在的涵义。共在是他人的此在与我的此在一同在此。[4]作为精神生命的在场方式的共在，指向共在者全体生成着的精神生命和承诺精神生命的个别性的终极信仰。

社会时间的向他性

意识生命的存在向我生成，精神生命的共在向他生成。共在者作为个人本身，一样有自己的意识生命。他一方面以自己的生命意识向精神生命而去，另一方面又在与他人的共在中生成、调整自己的生命意识。共在者只要存在，其意识生命和共同栖居的精神生命就不可能是一个自足的而是在伸缩的、活的对象。共在者并不在先带有完全的意识生命来到他人中，相反，是与他人的共在才不断完全了自己作为我体的意识生命。对个人而言，共在意味着个别意识生命完全的过程；对共在者全体而言，共在是精神生命丰满的历程。

精神生命在何处共在呢？实质上是在个人的意识生命中。意识者的意识，同时在一个相对时段上意识对方和自身。其结果，生出意识生命客观化后的精神生命。于是，个人在意识生命中的相互共在，转化为以共在于精神生命为场所的共在。这种精神生命，通过广义的社会学得以言说。它包括以研究人与人之间的关系为对象的伦理学、政治学、经济学、法学。

在共在中，个人的"我"，消融在客观化了的精神生命中。否则，共在者只是一个在场者而不可能参与共在。

作为精神生命内在性的社会时间

社会时间这种个别时间相，为个人的共在给出了相对有限时段。个人在现在中与他人共在，与他人一同处于普遍时间向下承诺的相对有限时段上。

---

4 海德格尔：《存在与时间》，陈嘉映、王庆节译，北京：生活·读书·新知三联书店，1987年，第149页。

要是共在者的意识生命没有共同意识到共同的相对有限时段和承诺这种时段的同一信仰，个人便没有共在的根基。社会时间，因其共在者的根基的丧失不再是对共在者开放的社会性的时间。

　　心理时间的社会化，以意识的精神化、存在的共在化和在身体中的意识生命转化在他人中为前提。这也是社会时间从心理时间中分身凸现的条件。意识从对自身的意识转向对他人存在的意识，意识意识到在自己的意识之外，还有诸多在意识着我的意识的个人。我的存在，始终只是存在者中的一元。存在者必须个别化，才能在与他人的存在中实现共在。意识生命离开身体向他人的意识、参与他人的存在，这构成"在他人中"的涵义。

第二十六节　社会时间的有限性

社会时间相对心理时间的有限性

　　社会时间在个别时间相中的出现，是由于心理时间的分身凸现和普遍时间的在下承诺。社会时间必然受到心理时间与普遍时间的限制。所以，天下没有不散的宴席。心理时间的生成性，给与其分身子体社会时间以生成性。无论个人的社会时间还是共在者全体的心理时间，无不处于生成过程中。社会时间作为独立的个别时间相，是共在者全体享有的时段。这个时段，因共在者的无限可能的参入而在被生成中，在向两端绵延。社会时间向他绵延，即是共在者全体共同生成一个为全体共在者分享的时段。所以，由此形成的他——精神生命——也是在生成之中。

社会时间在普遍时间中的有限性

　　除了继承心理时间的生成性外，社会时间的个别性还受制于普遍时间的在下承诺。普遍时间承诺共在者在现在中的有限相对时段，共在者分享共同的有限相对时段、一同生成精神生命且成全自己的我体。作为无限时段的普遍时间，始终给与其承受者社会时间以相对有限时段性。共在者在相对有限时段中共在，因而也在其中结束共在。于是，生出作为社会时间的有限性的展开方式——共在与记起现象。

　　共在者全体，共同分享同一的相对有限时段，处于同一时段上。这是共在者共在的前提。一旦个别共在者远离自己同他人分享的有限时段，此个别共在者就从精神生命退回到意识生命的存在中，他将可能成为他人记起的对象，他在离开后的心理时间中也可能记起其余的共在者。

精神生命界中记起现象出现的原因

记起现象的发生，源于共在者所处的相对有限时段的错位。个人记起其他共在者，因为这个个人没有和他们处于同一相对有限时段上。这个个人所生成的时段，在物理时间中尽管同其他共在者所处的时段被融合起来，它们却在不同的地方被最长时段所统摄。以上是关于记起现象的时间论分析。这种分析，呈现出记起现象的时间性。

如果说共在是共在者的意识生命的自我开出，那么记起就是因为共在者的意识生命从自己的意识中退出后对其共在性的召回。个别共在者虽然退出了与他人共享的精神生命，但他记起的是他人的意识生命的意识或关于他人本身的意识。记起有时的确有对他人的意识生命或他人本身的现象的重复，但内含生成性的成分。随着时段间隔的增长，记起的生成性成分也将增长，甚至有可能完全由自己杜撰出一个记起对象。这就是所谓的记忆恍惚或记忆错觉现象。

人类的文明史，无不是由于个别意识生命记起与其余共在者共在的历史。在广义上，人类的一切活动，都是共在与记起的活动。历史文献的保存与考古化石的发掘，是我们为了在最长的现成性物理时间及生成性历史时间中实现和那些远离着现在的对象的共在，并记起其存在、生存、生长及在的历程。

心理时间与社会时间的差别，给与其有限性的展开方式以差别。存在与遗忘，指向存在者个人的意识生命；共在与记起，指向共在者全体的精神生命。存在指意识生命向我而在，遗忘者首先遗忘的是意识生命的向我性，因而在意识他人、它物中迷失了方向和目的。共在要求意识生命向对方而去，融进精神生命；记起重新把被遗忘的他人的意识带回个人的存在中以此丰富存在者的存在。因此，记起是实现共在的一种方式，一种共在者不在场并召回共在者于自己的意识生命中的方式。

第二十七节　社会时间的主观性

社会时间主观性的根源

在社会时间中，共在者全体一同生成着向他绵延的有限相对时段。存在者持有自己的心理时间奔向共在者，使自身成为共在者全体的一元。这个前往他的个别共在者的心理时间，本是生成性的，因而其前往也是一种生成。在社会时间中，共在者的心理时间的生成性构成社会时间的主观性的一个根源。

社会时间由向他而来的共在者参与生成，其生成的方式即共在与记起。每次共在与记起，都增长了精神生命在意识中绵延的相对有限时段。这样，由普遍时间在下承诺的社会时间的时段性，就成为不确定的、生成着的。社会时间在时段上受制于主观性的心理时间，作为这种限制的产物的社会时间本身，由此获得了主观性的规定性。

社会时间与心理时间在主观性上的差别

社会时间与心理时间尽管都是被生成着的，但是前者是为了共在者全体而生成，后者是为了共在者个人而生成；前者的主观性对每个共在者有效，后者的主观性仅对个别的存在者有效。而且，心理时间由于其存在者的共在，便在社会时间中带有客观性的特点。心理时间客观地汇入社会时间中。在这个意义上，社会时间乃是主观性的心理时间客观化的结果。也可以说，社会时间的主观性，是由共在者全体将自己的心理时间的主观性客观化后生成的主观性。心理时间在共在中将自己的主观性客观化，由此参与生成社会时间，赋与社会时间以主观性。

精神生命在意识中共在的绝对时段度

社会时间向他的主观生成性，并不意味着它可以无限地生成自身的相对时段。相反，精神生命间的共在，在时间上只能绝对呈现为相对的有限时段。在精神生命和他人的共在中，人只能选择某些时段实现与他人的相遇，虽然这种相遇所生成的社会时间取决于相遇者的心理意识，但总体上它是有限的。在现成性上社会时间的绝对时段度小于心理时间的绝对时段度，但在生成性上却大于它。这是人们在共在活动（尤其是那些令人愉快的相遇）中感觉时间过得更快而赋有意义的原因。

最后，应该说明的是：心理时间与社会时间的主观性，不是指两种时间在相对有限时段上的长短而是指它们渗入意识的程度。有时，在心理时间中较长的相对有限时段，由于接受共在者的更终极性信仰的洗礼必然收缩为较短的相对有限时段。何况，存在者的心理时间的总和，不等于共在者的社会时间，恰恰是它们的相互渗透在生成一个相对普遍时间而言的有限时段。这种有限时段，往往体现为历史中的一个重大社会事件。

第二十八节　社会时间的意义

如前所述，我们把物理时间、生命时间、生理时间称为现成性的时间相，把心理时间、社会时间、历史时间称作生成性的时间相。现成性的时间相的绵延向度，由心理时间给与而不是自己生成自身；生成性的时间相，因其生成性而自己被自己所生成、被自己所规定。这种生成性的时间相的自我给与性，仅仅相对现成性的时间相才有意义。因为，在终极意义上，生成性的时间相的个别性，离不开普遍时间的承诺。正是心理时间承受普遍时间关于自身的意识生命的承诺，才给出了它意识现成性时间相的差别能力。这样，作为一种生成性时间相的社会时间的意义，就要在使其成为普遍时间的个别相的根据中寻找。换言之，社会时间的意义，隐藏在为之提供了更为广阔的时段的历史时间中。社会时间的相对有限时段性，必须建立在远离了共在者的主观性的客观性的基础上。共在者在社会时间中时段的生成度，并不能开出共在者的意义。相反，共在者只有在客观化了的历史时间中所占有的时段的绝对度，才能真正给与自己的共在以意义。生成着的社会时间的变化性，设定了社会时间不能自己给出自己的意义。况且，社会时间生成着，它就不是共在者的有限时段的终极设定者。

从向他绵延到向祂绵延

在社会时间中，为了生成共有的精神生命，为了实现自己的相对时段的绝对度，共在者必须将相互共在的全体转向与上帝的同在。在同在的一方是由存在者构成的共在者全体，另一方是上帝本身，是自在永在的普遍时间本身。社会时间，分身凸现为历史时间，将时间绵延的向度从向他性转变为向祂性。不过，历史时间，也还不是普遍时间本身，而是作为其承受者的一种个别时间相。历史时间是向祂绵延着的个别时间相[5]。

个人在心理时间中被显明为意识生命的心理存在者，在社会时间中为精神生命的社会共在者。其历史性的存在根据，还内含在历史时间中，个人因此而生成为文化生命的历史同在者。

从共在到同在

社会时间的分身凸现，还离不开普遍时间的在下承诺。作为个别时间相的社会时间，在共在者中达成了普遍时间相对在世之人的普遍性。但是，普遍时间不会因此而终结其普遍性的承诺，它必须在同在于自己的另一端的同在者全体中完全自己的普遍性。普遍时间的在下承诺，为历史时间相的出现给与了必然性。因为，普遍时间必然在每一个人身上即在与自己同在的同在者全体身上展开自己的普遍性。因此，社会时间的意义，在于它对更富生成性的历史时间的召唤，并且在召唤历史时间的差别性中向所有的人——人类——象征性地开起普遍时间自在永在的奥秘。这即是关于人类历史的终极根据的言说。

5　根据基督教的终末论，历史时间是具有最长时段的个别时间相，历史时间的结束同时是物理时间的结束。《圣经》称此为"这世代"与"那世代"的叠合或"新天新地"的开始。人们常说的某件事情要经得起历史的审判，指某件事情在历史时间中可能被反复讨论、检验。但是，如果历史时间没有终极的向祂性，如果在历史时间中的某件事情不由上帝来最终审判，那麽这种说法就属于一种在现在中无力的自欺或心理自慰。因为在无神论者看来，历史最终会随同宇宙一起寂灭。既然如此，只有某件事情在历史中寂灭的问题而没有什么历史最终审判的问题。

第八章　历史时间

社会时间的历史化

　　和其余个别时间相的出现一样，历史时间源于社会时间的分身凸现和普遍时间的在下承诺。共在者要完成真正的与他人的共在，需要他人的直接在场。此处的他人，不能是一个结束了意识生命存在可能性的人，而是一个持有意识生命在意识着他人的人。这样，共在者所生成的社会时间，只对那些一同共在的人有效。对未在同一时段在场的人，其存在的相对时段何以确立呢？此问为历史时间作为个别时间相的出现设定了内在的根据。

　　共在者在共在中开出的是精神生命。精神生命的终极差别性，源于终极差别本身的承诺。那么，人类历史中的共在者全体（既包括在世的共在者，又包括未在世的共在者）只有同时转向给与其个别性的给与者本身。这样，历史时间的绵延向度便是向祂性的。历史时间向祂而去，其同在者全体向着同在的另一端同在。向祂绵延的时间向度，构成历史时间独特的时间绵延向度。

　　历史时间如何向祂绵延呢？它通过为所有的共在者给出能够确立其差别性的相对有限时段的方式。历史时间这种个别时间相，为共在者全体的差别性置入普遍时间开出了终极的可能性。历史世界中的任何个别时间相，都无能为共在者全体生成自己的相对有限时段，因除了历史时间本身再也没有最长的生成性时间相[1]。

---

[1] 物理时间虽然和历史时间在终末论的意义上具有一样的时段，但其内涵是现成性的而非生成性的。

普遍时间的在下承诺

然而，历史时间不是普遍时间。其给与共在者全体以相对有限时段的能力，不应该被理解为普遍时间的在下承诺力。在历史世界中，历史时间始终是普遍时间的在上承受者，它始终以个别时间相的方式承受着普遍时间的在下承诺。历史时间的相对有限时段性，与普遍时间的绝对无限时段性之间持有永恒的差别。历史时间在时间论中不应该享有特殊地位，它只是一种最富生成性的个别时间相，由此被纳入时间论的问题域。这正如物理时间作为一种最富现成性的个别时间相而成为时间论的关注起点。要是以历史时间或物理时间代替普遍时间，其结果必然是把个别时间相的言说当作关于普遍时间的言说。同样，也不能以个人的心理时间、某个团体的社会时间取代普遍时间，而在宗教信仰中出现的这种现象，必然被谴责为异端。例如，在基督教中，便有以某个教派的创始人的心理时间或这个教派认同的社会时间为终末的终点现象。这正是以个别性的时间相规定普遍时间的结果。它在终极意义上通过把心理时间与社会时间神化，从而实现其时间主体的神化。这和人的神化实践一样，将是不可能的，并且必然被普遍时间本身的给予者颠覆。尽管"神的变形"者会宣称：

浩浩荡荡，我掌握历史的方向，
有始无终，我推动着巨轮前行；
我驱走了魔，世间全由我主宰，
人们天天到我的教堂来致敬。
我的真言已经化入日常生活，
我记得它曾引起多大的热情。
我不知度过多少胜利的时光，
可是如今，我的体系像有了病。
——《神的变形》，1976[2]

而且会病入膏肓。自我神化的人，还可能发热，感染新冠状病毒而死。在这样的病毒面前，真神与假神将原形毕露。

一切关于人生自我超越的思想，在时间论上无不根源于以生成性的个别时间相代替普遍时间本身[3]。然而，生成性的个别时间相虽然生成着，但其生

---

2 穆旦：《穆旦诗文集 1》，北京：人民文学出版社，2018 年，第 358 页。
3 孔子遵从周礼，认为周代是一个理想的时代，其原因在于把一段作为相对时段的

成的永远是一种相对有限时段。依靠相对有限时段对绝对无限时段的代替，这给不出人生自我超越的时间论根据。

普遍时间的在下承诺能力，植根于其绝对无限时段的特性。它不仅在历史时间中承诺了后者的最富生成性时段的个别性，而且承诺了历史时间相之外的其余个别时间相的差别性。个别时间相一同承受普遍时间的在下承诺，这就是它们的相关性。

第二十九节　文化生命在人类中同在的时间

当从社会时间中分身凸现后，历史时间就为社会中的个人给出了普遍的相对有限时段。这种时段相对人类中的个人具有普遍性。但是，它不同于普遍时间的普遍性。后者是一切个别时间相的普遍性。由于历史时间对人类中的个人的普遍性设定，由于个人在历史时间中的相对有限时段的客观性，历史时间因此被定义为社会时间的客观化形式。相较于社会时间，个人的文化生命所占有的历史时间，并不取决于与他人的精神生命共在时段的多少，更不受个人的意识生命的生成可能性的限制。个人在历史时间中的相对有限时段，客观地受制于个人与祂同在的时段的深度——即个人的相对有限时段和祂的绝对无限时段的融合度，或者说个人在永恒中所占有的相对时段度。

文化生命的向祂构成

文化生命从生成性的精神生命中分身，其生成性的特点是自明的。文化一词在拉丁语词源上的涵义，为人对心灵的耕耘。当这种耕耘外化为物质形式时，我们称之为文明；当人对心灵本身加以耕耘生成的精神性形式被叫作文化。没有人对自身心灵的耕耘，没有人借助祂的绝对生成性生成自己心灵时，文化就无从诞生；个人的文化生命也不可能展开在人类中。生成性，代表文化生命的根本特性。一切生成性的生命相[4]，无不处于生成之中，这是它们与现成性的物质相的差别[5]。不过，心理时间中出场的意识生命向我生成，

社会时间代替了历史时间乃至普遍时间。这就是在思想上以孔子为代表的儒家总是强调自我超越的时间论的原因。
4　生命相，指人作为自然生命、肉体生命、意识生命、精神生命、文化生命、灵性生命的存在。生成性的生命相指后四者。
5　现成性的物质相，指具有现成性规定的物质自然、自然生命、肉体生命。

意识生命意识自身与它物，为的是生成意识生命本身——人的我体，以便不至于让意识生命被虚无所吸收。生成在此的涵义为：从虚无中生起对某种东西的意识行为。

社会时间中出场的是精神生命。它向他生成。这个"他"，指一切在世的共在者，或由这些共在者共在生成的精神生命本身。精神生命向他生成，这在社会时间中是向其本身生成。在社会时间中与共在者一同在场的，是其个人性的意识生命。个人在共在中，生成属于每个共在者的精神生命。共在者能够共在，因为他在根本上持有与他人共在的可能性。如果从社会时间的意义上理解死亡，那么它即是与他人共在可能性的永远丧失。

同在和共在

文化生命，是一切存在者在向祂生成中构成的生命相。作为生命相的同在者主体，没有否定文化生命和人的内在相关性。同在者的文化生命，内在地和同在者——个人——相关。但是，这不是现成性的而是生成性的相关性。同在者在历史时间中的相对有限时段，由永远在上的祂给与。既然是生成性的相关性，那么文化生命的差别性，便被规定为同在者向祂的生成，同在者在向祂生成中与祂同在。

精神生命在他人中，意指在社会时间中的共在者共在于他人的意识生命中，在场的共在者相互交通其意识生命。存在者向在场的共在者打开自己的存在。这种打开活动，即精神生命的向他生成，或共在者向他生成。因为共在者打开自己的存在，目的是为了让自己进入他人的存在，并在存在的交通中共同生成属于共在者全体的精神生命。文化生命不同于精神生命之处在于：其出场的场所是同在者全体——人类。在关于精神生命的场所的论述中所提到的共在者全体，只限于在场的存在者，不包括那些结束了存在可能性的存在者即不在场或离世的存在者。同在者全体，内含一切在场的和不在场的存在者，一切丧失存在可能性和有可能生起存在可能性的人。文化生命在人类中同在，因此标明人作为人类与物质界、植物界、动物界的差别。这就是任何个人性的文化遗址、任何族群性的文化遗产属于全人类的原因。人类从虚无地平线上生成自己的文化生命，并向每个同在者开放。同在者在开放中，反过来生成人类为一体而与另一端的祂同在。

同在和共在的差别表现在：同在是向人类开放的存在，是存在者全体向祂存在；共在是向他人开放的存在，是存在者的相互存在。

同在者在向祂绵延的相对有限时段中永远伴随祂的在场，同在者以全体的形象和祂同在。同在者，包括那些现在存在着、已经存在过而且可能存在的所有存在者。相反，共在者，只是在其共在于他人的意识生命中时才是共在者，未囊括已经存在过而且可能存在的存在者。

历史时间的向祂性

历史时间的定义，为文化生命在人类中向祂同在的相对有限时段。历史时间向祂绵延，是因为只有祂才能承诺所有存在者的相对有限时段。同在者全体，在祂承诺的最富生成性的相对有限时段——历史时间中承受与祂的同在，这是历史时间向祂绵延的规定性。关于同在者通过什么与祂同在，这在基督教神学中得到了根本的解答。

作为文化生命内在性的历史时间

历史时间这种最长的生成性时间相，为同在者全体的同在给出了时间论的保证。但是，同在者凭什么介入这样的同在呢？除了他显明于历史时间中的文化生命外，他还能用自己将要消失于物理时间中的肉身与他人同在吗？显然不能。因为同在者耕耘心灵所生成的文化生命，必然出自他对终极信仰的信仰和这种信仰在历史时间中的呈现。只要同在者决定相信，他就以时点的方式同他所信的那一位相关联；只要同在者坚信不移，他在历史的终结处也就和他一同所信的人合一了。所以，文化生命的生成，离不开同在者共同所在的历史时间，历史时间构成文化生命的内在规定性。

第三十节　历史时间的有限性

作为分身子体的有限性

历史时间从社会时间中分身凸现为最富生成性的个别时间相，其分身母体社会时间的有限性给与分身子体历史时间以有限性。尽管历史时间作为相对时段在生成性时间相中最富生成性，但它不能让历史时间本身永远生成下去。历史时间的最富生成性，不由历史世界中的任何个别时间相给与，而由历史世界之上的终极差别承诺。正是终极差别，承诺了历史时间的最富生成性。为终极差别提供空间的，是普遍时间而不是历史时间本身。

历史时间的最富生成性，受制于其余个别时间相的在场。离开其余的生成性个别时间相，离开那些现成性的个别时间相，历史时间的差别性就无处植根。历史时间的有限性，在此意指历史时间是相对其余个别时间相而在场的相对时间相。

历史时间在普遍时间中的有限性

历史时间的有限性的另一层涵义，内含在它和普遍时间的关系中，它受制于普遍时间。如果历史时间在个别时间相中属于最富生成性的规定能够成立，如果历史时间的最富生成性是相对其余的个别时间相，那么其最富生成性的规定来自何处呢？如果没有普遍时间对历史时间的在下承诺，如果没有普遍时间对其最富生成性的承诺，历史时间与其余个别时间相的差别性又由谁给与呢？

作为一种个别时间相，历史时间的个别性，始终是承受普遍时间的承诺生成的个别性。历史时间的承受性，给与它以有限性的规定。它是相对其余个别时间相和受制于以无限时段为特征的普遍时间的有限时段。

普遍时间不仅承诺了历史时间的个别性，而且为其余个别时间相的差别性作出规定。它是个别时间相全体成立的普遍根据。个别时间相全体，通过承受普遍时间在下承诺于自己的相对时段才在历史世界中、在时间论中分占了自己的位置。个别时间相，因此成为**个别**的时间相。历史时间相仅仅属于其中的一相。

文化生命界中终末现象出现的原因

以上关于历史时间的有限性的分析，为我们阐明同在与终末现象准备了条件。同在终末现象，作为历史时间的有限性的展开方式，其时间论的根源隐藏在历史时间的有限性本身之中。在同在者全体与祂的同在中，表明的是同在者向祂而去的可能性。其中，有的同在者尽管已经结束了和他人共在的可能，但其与祂同在的可能性在同在者同在于历史时间中时依然没有消失。同在，表明同在者是同在者全体中的一员。

终末与同在相对应，指同在者全体作为同在者一方的不可能性。祂处于同在者全体另一端，已经完全融化了同在者全体的差别性。祂在光中，同在者全体化为光，光与光相交汇。化为光的同在者全体，不再有可能归回光化前的形象。

伴随历史时间的有限性而有的终末现象，除了表明终末是展开在相对有限时段上的末端的涵义外，还指出终末的当下性本质——终末临在于当下的历史时间中。同在之所以被理解为同在者全体向祂而去和祂向同在者全体而来，因为在同在者参与同在中，有的存在者还在观望。对观望者言，对当下同在的拒绝就是终末。只要观望者在其有限的心理时间中生不起对同在的向往，他的终末景象就在展开着。无数观望者的观望，为终末景象的生起开出可能性。不过，这里的观望者指那些明白观望对象——祂——的人。

同在者全体与祂同在，这发生在历史时间的末端，即历史时间向祂绵延活动的终止处。在此之间，历史时间处于生成性的境遇中。其中的同在者全体，同样面对的是生成性的境遇。它时而扩大，时而收缩。因为，在心理时间中的存在者有的在加入同在者全体，有的在从中退出。所以，同在者全体一词也带有生成性的规定性。

同在终末现象，源于历史时间的有限性。前者为同在者全体——人类——设定了向祂而去的存在方向，后者为同在者全体之去给出了最终的结局——要么与祂同在、要么被祂拒绝的同在者命运。通过历史时间，祂应许同在者全体与祂同在在时间论上的可能性。存在者个人，因为最富生成性的历史时间被承诺获得向祂而去的权利。存在者个人的由现在向过去、未来绵延的相对有限时段，最终都在历史时间中分割出自己的限度。另外，作为历史时间的有限性的展开方式，同在终末现象，还为历史时间与普遍时间的差别的持守作出了贡献。要是历史时间不必然地伴随同在终末现象，它就未消除生成为普遍时间的障碍。普遍时间以自在永在为特性，区别于包括历史时间的一切个别时间相。它承诺了同在终末现象这种历史时间的有限性的展开方式。

第三十一节　历史时间的主观性

历史时间的主观性根源

同在者全体在历史时间中向祂而去，与祂同在。在这种去的过程中，同在者全体就在生成着历史时间而不仅仅是背靠着历史时间。作为最富生成性的时间相，历史时间，本是在同在者全体向祂而去的过程中生成的相对有限时段。任何个别的同在者，都在向祂而去的同在努力中，制约着历史时间这种相对有限时段的有限性。个别同在者在与他人的共在中生成的社会时间、在意识自身及它物中生成的心理时间，无不参与着历史时间的生成。不过，同在者全体仅仅代表同在的一方。由同在生成的历史时间，还受到处于同在者全体另一端的祂的限制。所谓向祂同在，就是同在者在同在中承受祂的主观性规定。祂承诺了个别同在者多少历史时间，个别同在者才有多少历史时间。要生成个别同在者的历史时间，还取决于同在者本身参与同在的程度，取决于他在多大程度上意识着位于自己另一端的祂的自在永在。祂的承诺和同在者全体的承受，生成历史时间这种个别时间相相对其余时间相的差别性，同时决定了历史时间作为一个整体所具有的相对有限时段。

历史时间的人类性

历史时间的主观性，因其生成性得以限定。它还体现在历史时间的人类性上。

心理时间属于意识者个人，社会时间属于共在者全体，历史时间以同在者全体为对象。同在者全体以人类的方式，共同生成历史时间的时段性。这种生成活动，在人类那里是一种主观性承受活动，因为人类始终依凭着共同的终极信仰，即在与祂同在中承受祂的承诺。在另一方面，生成活动，也是祂向同在者全体开起其自在永在的主观性承诺活动。祂向自己而来的同在者全体开出自己的自在永在，在迎接同在者全体的到来中表明自己的本质。

既然历史时间被理解为文化生命在人类中向祂同在的生成性时间相，那么其中最根本的在于向祂同在。正是向祂绵延的时间向度，最后给出文化生命以及人类这个同在者全体的规定性。在心理时间绵延中生成的我体与在社会时间绵延中生成的个体，两者的差别在终极意义上只有纳入历史时间才有现实的内容。因为心理时间与社会时间的生成性，说到底还是自我生成着的、主观性的祂在普遍时间中的生成性。何况，祂即是普遍时间，是普遍时间的普遍性的生成。主观性的历史时间，只不过是普遍时间直接在场者——祂——承诺的最富生成性的时间相。其最富生成性，是因为唯有历史时间才为同在者全体给出相对有限的存在时段。

向祂同在即承受祂的主观性规定

在个别时间相中，历史时间的最富生成性，使之带有最强的主观性。历史时间，绝不是一种现成的、放在什么地方等待着人进入的时间相，它本是在同在者全体向祂生成中而被生成着。同在者全体与祂的共同参与，创造了历史时间这种个别时间相的差别性，由此使历史时间成为为每个同在者给出相对有限时段的最富生成性的时段。祂因自在永在而来的主观性，同在者全体因向祂绵延而有的主观性，两者使历史时间获得了相对其余生成性时间相的较强的主观性。历史时间的这种主观性，向同在者全体开放，是他们的存在主观性和共在主观性的根源。同在者全体各自在历史时间中承受普遍时间的承诺，然后在向祂同在中创造着历史时间的主观性。

心理时间的主观性生成存在者的我体，社会时间的主观性生成共在者的个体，历史时间的主观性生成同在者的主体。这种主体，不同于人在物质自然、自然生命及肉体生命中所具有的主体性地位。前者是生成性主体，后者是意识性主体。生成性主体，表明人在文化生命的涵义上的自我生成、自我构建但同时以祂为生成向度。意识性主体，把人当作意识者去意识人之外的自然界、生物界、动物界，借助此种意识构成属于它们的逻辑，把人之外的对象区别呈现出来。生成性主体，一方面在同在者全体与祂之间作出差别，一方面又展示两者的相关性。其相关性和差别性表述为：同在者全体和祂同在；同在者全体作为承受者、祂作为承诺者。祂承诺同在者全体的全体性即人的人类性。

在广义上，人在物理时间、生命时间、生理时间中都以意识性主体的身份出现，在心理时间、社会时间、历史时间中人发挥着生成性主体的功能。意识性主体在意识之前存在一个意识对象，它不是在人的意识中形成的，而是在意识之前由普遍时间通过对事实性时间相的承诺被展现。意识性主体在意识中生成的，是关于意识对象的意识或意识对象的差别性规定。至于生成性主体所面对的，除了承受有生成功能的主体自身之外，它无所面对。生成性主体在生成活动中生成自身，它将人的存在性、共在性、同在性从虚无地平线上生起。另外，还在生成活动中生成自己的对象——意识生命、精神生命、文化生命。

文化生命在人类中同在的绝对时段度

在生成性时间相中，历史时间的主观性最强。它在相对时段上和物理时间相等，只是其中的绵延向度不一样。历史时间为人类中的同在者全体给出了绝对的有限时段，即使在历史时间与普遍时间中，只有瞬间时点之差，但正是这一时点，永远把它们相分隔，从而也把发生于历史中的人言和以逻辑为在场方式的神言相差别。人类中的文化生命，因着历史时间的有限性而不可能恒久持存下去，虽然文化生命主体能够利用自己的意识去意识，但其主观性的意识改变不了自己在承受普遍时间时的绝对有限地位。人在终末的时点面前，没有办法逃脱审判的命运，更不可能像和他同在的那一位那样自在永在。

第三十二节　历史时间的意义

此前我们关于历史时间相之外的个别时间相的意义的探寻，主要从其分身意向展开。但是，从社会时间分身凸现来的历史时间，已经不再内含继续分身的意向。因为一切个别时间相，无非是为其相应的个别者给与相对有限时段，而在历史时间中获得相对有限时段的又是同在者全体即人类中的任何人。于是，在历史时间外，再也没有必要和可能的时间相为其相应的时段要求者给出相对有限时段。那么，历史时间的意义显在何处呢？

为其余个别时间相给出最长时段

首先，最富生成性的历史时间相，为其余个别时间相预备了出场时段。历史时间在向祂同在中，直接承受祂的时段承诺，并将此种时段作为其余个别时间相的汇融基地。个别时间相全体，因历史时间的根源在场而呈现出自己的个别性。无论同在者全体还是物质自然界中的在者、自然生命界中的生长者、肉体生命界中的生存者，无不因着历史时间而真正地分享着自己的独立相对有限时段。历史时间，是其余个别时间相的历史性的根源给与者。其余个别时间相的差别性，无不来自历史时间的最终给与。这就是社会科学史、人文科学史、自然科学史存在的时间论根据，更是各种学科史出现的时间论根据。此种由历史时间呈现出其余个别时间相的差别性的历程，一样可以用分身凸现一词得以表述。从历史时间分身凸现的，是向他绵延的社会时间，同在者全体由向祂同在转换为共在者全体的向他共在；从社会时间分身凸现的，是内向绵延的心理时间，共在者全体在向他共在中唤起自己的存在或独立我体；从心理时间分身凸现的，是横向绵延的生理时间，存在者意识到自己的身体的活动性；从生理时间分身凸现的，是以纵向绵延为时间向度的生命时间，生命从横向活动转化为纵向生长；从生命时间分身凸现的，是以体向绵延为时间向度的物理时间。至此，意识生命关于历史世界的时间论言说走到了自己的尽头。因为在物理时间之上，如同在历史时间之上一样，是普遍时间的在下承诺和它的自在永在。

向同在者全体开出差别性时段

其次，历史时间为同在者全体——人类——开出了独立的差别性时段。在所有的生成性时间相中，唯历史时间的最富生成性才能最大限度地给与同在者全体以独立的相对有限时段。社会时间，只为共在者全体——那些在现世参与共在的人——给出相对有限时段。心理时间，只为存在者个人给出差别性的相对有限时段。唯历史时间承受全体同在者的到来，在自己中给与到来者以相应的空间。

第三，在承受普遍时间的在下承诺中，历史时间所承受的最富生成性和最强主观性使之最近似于普遍时间。它给与普遍时间的承诺以最大可能的承受。普遍时间的普遍性，在历史时间中得到了充分的展开，因为它临在于同在者以及被同在者全体意识着的全部物质界、植物界、动物界。不过，历史时间，绝不能因其给与普遍时间的临在以最大可能性而被混淆为普遍时间。历史时间始终是个别时间相中的一种，以承受者的身份同普遍时间这个承诺者打交道。任何个别族群的历史的普遍化或神化，就不再有时间论上的根据。

在历史时间中展开价值逻辑

既然历史时间为同在者全体给出了差别性的相对有限时段，那么同在者全体何以在自己的相对有限时段中充实自己的相对有限时段即展示自己的差别性呢？假如没有关于差别性的价值逻辑的呈现，个别时间相中的相对有限时段性还是一种空洞的时段，一种无内容的时段。假如果真如此，个别时间相又何以确立自己的个别性而不收缩为一个时点呢？这些问题，已经在被问中作出了解答。这就是：对个别时间相的差别性的研究，必须深化为对差别性本身的研究，即从时间历史论转向价值逻辑论的研究。在关于历史的探究中，逻辑历史学把重点放在时间上；同样，在关于逻辑的言说中，价值逻辑将成为我们的中心论题。在时间历史中具体展开价值逻辑，构成逻辑历史学的价值论。后者，也可以称为一种价值神学。

第九章　时间递增与个别时间相的真伪

在关于本真时间观的言说中，我们将现在理解为承受终极信仰承诺的相对有限时段而不是瞬间中的一个时点。现在的现在性，通过其在上的对普遍时间的呼唤具体展开在个别时间相中。任何个别时间相，以相对有限时段的方式将现在所承受的终极信仰在时间历史中展开出来，其展开方式归结为时间绵延向度的问题。这已经在我们关于逻辑历史学的时间论中得到探究。

个别时间相中，物理时间、生命时间、生理时间，因接受意识性主体的规定而带有现成性。它们为现成性的时间相。意识性主体，只不过是把普遍时间给与它们的相对有限时段的差别性呈现出来。另一方面，心理时间、社会时间、历史时间，因为生成性主体的活动而生成为生成性的时间相。普遍时间只承诺了其作为差别性时间相的可能性，其差别性必须由自身的参与才能得以完成。

时间的客观递增和主观递增

从生理时间到物理时间，根据分身凸现而有现成性相对有限时段的递增现象。由于这种相对有限时段的递增是因普遍时间的在下承诺客观地被给与的，所以可叫作客观递增。在时段上，物理时间长于生命时间，生命时间又长于生理时间。

从心理时间到历史时间，同样存在相对有限时段的递增现象。这种递增，不是由于普遍时间的现成性在下承诺而是其生成性在下承诺所致，所以可命名为主观递增。每种生成性时间相的相对有限时段的长短，取决于它的生成者的努力。总地说来，在时段上，历史时间比社会时间长，社会时间又比心理时间长。

个别时间相在根据和现象上的本真性与伪真性

个别时间相的真伪，体现在其根据与现象上。

个别时间相的成立，源于对普遍时间的在下承诺的承受。其个别性最终由普遍时间给与。普遍时间借助对时间向性的承诺，在个别时间相中实现自己的普遍性。时间向性的不同，又给与个别时间相全体以差别。正是时间向性的差别性，决定着个别时间的个别性。但是，这种个别性的根据，在于普遍时间的承诺而不可能来自别处。在普遍时间面前，个别时间相自始至终是**个别性**的时间相。这是个别时间相在根据上的本真性。

个别时间相在现象上的本真性，即它们在时间历史序列中位相[1]的本真性。物理时间的源始性，是时间历史序列的开出起点，源于创造主无中生有的设定，在犹太思想传统中得到确切的表述[2]。主观化的生命时间，以纵向绵延时间的方式给历史世界带来生机。生理时间的横向绵延，为一切动物的主动活动性给出根据。心理时间在内向绵延中，生成意识生命并对现成性的时间相加以意识。社会时间把内向性的意识生命开放给他人。历史时间为一切生成性的时间相及个别时间相生成最长时段（或舞台）。各种不同的个别时间相，以不同的方式出现在时间历史序列中，对历史的各个界域给出时间论的根据，因而是在从不同位相展开普遍时间的在下承诺。

个别时间相在根据上的伪真性，在于它不以普遍时间为承诺者，忘记了自身的承受者身份，甚至择取个别时间相中的一相为自己的根据。由于分身凸现，个别时间相以为是个别性的分身母体给出分身子体的个别性。它遗弃了普遍时间在分身凸现中的在下承诺，从而导致对普遍时间本身的遗弃。但是，在终极意义上个别时间相离不开普遍时间的承诺。于是，将一种个别时间相生起为普遍时间本身，这就是个别时间相实现其伪真性的方式。在其生起活动中，最容易被当作普遍时间的，是个别时间相中的物理时间和历史时间。物理时间给与其余个别时间相以现成性的最长时段和历史时间给与其余

1　"位相"，指在时间历史序列中个别时间相的存在样态或在价值逻辑序列中个别价值相的存在样态。

2　参见路易·加迪等：《文化与时间》，郑乐平、胡建平译，杭州：浙江人民出版社，1988 年。

个别时间相以生成性的最长时段，这种给与能力使它们在时段上仿佛等同于普遍时间。物理时间在承受普遍时间的源始承诺上和历史时间在承受普遍时间的直面承诺上，也容易造成两者即普遍时间的印象。

个别时间相在现象上的伪真性，指在时间历史序列中个别时间相之间位相的相互错位或替代，如过分夸大某一个别时间相在时间历史序列中的作用，以此代替其余个别时间相的功能。时间位相的错位，导致人在时间中的沉沦，人无明于位相时间即个别时间相的时间性。在逻辑历史学的时间历史论中，我们已经揭示了个别时间相如何分身凸现以不同时间向度开出普遍时间的必然性。

第十章 历史的展开：终极信仰的临在

到目前为止，我们具体地展开出逻辑历史学的时间历史论。我们从个别时间相与普遍时间的关系和个别时间相内部的分身凸现、前景开出与后景置入几方面言述个别时间相的展开条件。关于个别时间相本身，主要从其内涵、有限性、主客观性以及意义四方面言说。时间历史序列中，作为言说起点的物理时间和作为言说终点的历史时间，在时段上是同一性的。历史时间中的终末现象，同时对物理时间有效。不过，物理时间是最长的现成性时段，历史时间则是最长的生成性时段。这构成两者的差别性。从物理时间主观化意向分身凸现出生命时间，再到历史时间以主观性为终结，这在时间历史序列上呈现出时间环性。时间历史，自我开出、自我封闭于自己之中。

历史与历史时间的差别

历史时间不仅不同于普遍时间，而且有别于历史本身。历史时间承受普遍时间的在下承诺，以向祂绵延为自己的时间向度，为同在者全体给出相对有限性的时段。在普遍时间面前，历史时间的个别性，来自其上的普遍时间的承诺，它是承受者，同时是时间历史序列中的一个最富生成性的时间相。历史时间，不可能超越于时间序列之上直接替代普遍时间本身，它依据于现在的在上呼唤和普遍时间的在下承诺而在时间历史序列中享有独立的位相。

历史展开在普遍时间与个别时间相的差别性与相关性中，或者说，就时间历史论而言，历史即由个别时间相与普遍时间之间的差别性与相关性生成的世界。普遍时间通过对个别时间相的在下承诺，承诺了个别时间相的差别性，使之在时间历史序列中成为独立的个别时间相，从而为世界中的物质自然、自然生命、肉体生命、意识生命、精神生命、文化生命给出相对有限的在场时段。个别时间相通过在上承受普遍时间的承诺，一同表明差别性时间相的相关性。个别时间相之间虽然有差别，但也有相关性的一面。历史向人打开的，是这种在时间中呈现出来的差别性与相关性的逻辑图景。

价值逻辑的充实

历史在时间中呈现出的相关性与差别性，最终与终极信仰的临在关联。正是终极信仰关于普遍时间的普遍性承诺给出个别时间相的差别性。世界中的在场者，根据普遍时间承诺给个别时间相的相对有限时段，将终极信仰的终极性展开出来。其中所展开的无非是价值逻辑。

价值逻辑，把时间历史中的各种相对有限时段和普遍时间的绝对无限时段充实，使历史展开在实在的差别性逻辑中。否则，个别时间相所开出的有限相对时段，就是空空的时段。关于价值逻辑的言说，构成逻辑历史学的价值逻辑论。

第二编　价值逻辑论

关于逻辑的一般陈述

逻辑（Logic）一词在希腊语中为逻各斯，有言、发声、理性、言谈、描述、论说的涵义。海德格尔从逻各斯的言谈涵义讲起，认为言谈是"把言谈时'话题'所及的东西公开出来"，[1]让人看到所谈的东西。由于逻各斯在"言谈"中是把某种东西当作某种东西来看，这赋与逻各斯以理性、根据、关系、相关性的内容。[2]他也简略指出言谈在言谈过程中的言说性质。

源于言谈意义上的逻各斯的逻辑，以什么方式言说所涉及的东西呢？在符号语系中，语词的语意依赖于语音的差别，是语词的语音差别导致语词的语意差别。于是，言谈过程中言说的声音，对言谈的开展具有关键作用。语音的差别，在言谈中开出语意的差别。所以，逻各斯向人们公开的，无非是由于语音的差别而生成的差别性事物本身。这种差别性事物，由言谈者在言谈过程中持守声音的差别来规定。逻辑在此意义上即差别指向力，一种差别性的有声之言。通过言谈中声音的差别给出不同的差别性事物，仅仅是逻辑

1　海德格尔：《存在与时间》，陈嘉映、王庆节译，北京：生活·读书·新知三联书店，1987年，第41页。此书英译者约翰·麦奎利和爱德华·罗宾逊注释道："海德格尔在此指出的是逻各斯一词在词源上类似于（古希腊语的）动词λέγειν（说），此动词内含开出、展示、置前、描述、讲故事、作陈述的多种意义。"Heidegger, *Being and Time*, tran. By John Macquarrie and Edward Robinson, Oxford : Oxford University Press, 1985, p.58. 古希腊人对语言与逻各斯的关系的论述，参见张汝伦：《历史与实践》，上海：上海人民出版社，1995年，第352-363页。

2　海德格尔：《存在与时间》，陈嘉映、王庆节译，北京：生活·读书·新知三联书店，1987年，第43页。

实现自己的差别指向力的方式。从逻各斯而来的逻辑本有的开出、展示、置前、描述等涵义，都是逻辑达成差别指向力的方式。

当言谈真正展示了言谈对象的差别即把事物当作事物本身来公开的时候，言谈的结果也就是"言"。"言"在逻各斯的所有本来涵义中具有根本性的地位。无论言谈活动本身（言说行为）还是言谈所带出的事物的差别，最终都可归结为言。言，既指言谈活动——语音差别的展开活动，又指言谈的结果——言谈者在言谈活动中留下的声音差别或步行者在步行后留下的痕迹。和合本《圣经》用"道"译《约翰福音》第 1 章第 1 节中的上帝之言，因作为道路的"道"只有在暗示出曾经某人在此而"道"才有意义。道呼唤着它的步行者的到来，指示着步行者的远去，向他人展示步行者的痕迹。道等待着人去追问所道者的形象。道，即是关于步行者之言。

言谈者、描述者、论说者、步行者必须在自己的活动中展示出差别，展示出物作为物本身的差别及其活动主体自身的差别。这种差别，作为逻辑本身来自逻辑自身的差别指向力。人在其实践活动中背靠的逻辑，即他的差别指向力、他的理性。理性把一个事物同另一个事物分别开来，给与事物本身的在场以根据。差别又必须展示在物与物的相关性中。海德格尔将逻各斯一词的多重涵义统一起来的原由就在这里。

"人的理性美丽而不可战胜。／……它用语言建立了普遍的思想，引导我们的手，于是我们用大写字母来写正义和真理，用小写字母去写谎言和压迫。／它把一切该置于上面的事物都放在上面，它是绝望的敌人，希望的朋友。／它不分犹太人和希腊人，也不分奴隶和主人，而把世界的公共财产交由我们去管理。／它把简朴和明了的语句 从折磨的词语的粗俗嗓音中解救出来。／它告诉我们，万物在太阳下面都是新的，它打开了过去被冻结的拳头。美丽而又年轻的是哲学（这里原来按照音译为'菲罗-索菲亚'—引者注）和她结盟的诗歌共同为善服务。"[3] 从诗人的描述中，可见人的理性和语言相关。它建立普遍的思想，在事物之间呈现差别，是人所共有的，帮助人管理世界，最终孕育了哲学，和诗歌一起共同为善服务，因而从诗歌的角度印证了我们上述关于理性的定义。

3　参见诗歌《咒语》，切斯瓦夫·米沃什：《米沃什诗集Ⅱ 着魔的古乔》，林洪亮译，上海：上海译文出版社，2018 年，第 65-66 页。

在关于"言"的逻各斯的分析中，我们指出言是言谈者留下的差别性声音的痕迹，是步行者在步行后刻在大地上的残迹。但是，言谈者为何言谈，步行者何以步行呢？在根本上，言谈者和步行者都是作为人而存在的存在者，他们的言谈必然是为了弄清物与物的差别，他们的步行最终是为了向他人甚至是向祂而去的同在者全体述说自己的差别性存在。言谈和步行所言出的，归根结蒂是其主体的差别性信仰。不过，言谈者及步行者的差别性信仰，根据什么持守自己的源始差别性呢？逻辑的绝对差别指向力，依凭什么达成自己的绝对性呢？

在逻辑内含的言的涵义中对此作了回答："太初有言，言与上帝同在，言就是上帝。这言太初与上帝同在。万物是藉着祂造的；凡被造的，没有一样不是藉着祂造的。生命在祂里头，这生命就是人的光。"[4]的确，上帝的第一个圣言就是说"要有光"，因为只有"光"，才能将混沌的太初之世成形为有序的差别性的世界。上帝借助祂的"说"创世，世界成为祂言谈后留下的"言"。[5]另外，《圣经》是被书写之言（《提摩太后书》3章16节"圣经都是上帝所默示的"）；圣灵言述着被说之"言"（《哥林多前书》2章13节）；耶稣基督是上帝的活言。祂的神圣的应许、宣告、命令、陈述，无不是关于上帝的。因为在同一性的意义上，圣言即是上帝，上帝的言谈即言本身的自我言谈；上帝宣告自己为爱，因祂赐下独生子耶稣基督应许世人得救的希望，并替众人受死在十字架上；上帝说世上没有义人，因为如果没有上帝的慈爱将圣子赐下，人与上帝的公义关系就不可能建立。由于在差别性的意义上，耶稣基督通过灵生、爱道、受死、复活、升天、再来、审判把人与上帝的差别从根本上公开出来。在人与上帝之间，任何人努力建成的中保都是有限的、非根本的；只有耶稣基督的言成肉身，人与上帝的差别性及其公义关系才能永恒被持守。这种持守的人与上帝的差别，或同在者全体与祂的差别，由此获得了终极的意义。人与上帝的终极差别，通过三位一体的上帝被现实地实践，它构成上帝承诺给同在者全体的活言，也是逻辑所内含的绝对差别指向力的最终根据，更是一切言谈者的差别性信仰——终极信仰——能够把事物当作事物本身来开出的理由。事物因此各就各位。所谓言生万物，指耶稣基

---

4 《约翰福音》1：1-4。

5 《创世记》第1章里，"上帝说"出现了10次，世界就是在上帝的言说中从无序的混沌中诞生为有序。"言成肉身"在创世行为中为"言成世界"。

督的中保性存在对人的差别能力、人的逻辑能力的永恒持守。人在持守自己的终极信仰中，持守自己作为人的存在。人以此分别万物开出事物自身的差别，这便是"人的光"、人的理性、人赖以存在的根据。

言谈依据于声音的差别，声音的差别在符号语言[6]中生起意义的差别。由差别性的声音构成的意义世界，即言。言与言者同在，言者所言的无非是关于自己与听者——同在者全体——的差别。这种由言展示出来的逻辑，内含逻辑作为绝对差别指向力的规定性。逻辑在言中，既言出所言对象的差别——事物本身的差别，又言出自身的绝对差别指向力和自身与一切受造物的差别。其中，同在者全体与祂的差别，即为终极差别。它通过言、通过言成肉身的耶稣基督得以现实地持守。言成为肉身，为逻辑作为绝对差别指向力承诺了终极的可能性。

因此，逻辑就是绝对差别指向力[7]。它指向人与上帝的终极差别，由此展开各种差别性的事物。从一个方面可以说："相对人类言，逻辑的绝对差别性是人与上帝的差别。人接受终极信仰对逻辑的绝对差别性的承诺才为个体的人，人在逻辑中敞明自己的个体人性。在时间的起源中，我们展开了时间的在上性本质对终极信仰的预设逻辑：历史并非在时间中给出自己的逻辑而是在逻辑中赋与自己以逻辑性。逻辑这种关于历史的终极信仰的终极信仰性，源于上帝对历史的终极信仰的终极承诺的承诺。上帝承诺逻辑承诺终极信仰的承诺性，即逻辑承诺的终极性。上帝就是承诺本身。人在被承诺中作为承诺的受与者而不是给与者。上帝给与给与本身，人接受接受本身。这种给与者与接受者的差别，正构成上帝与人的差别。纵然上帝是人的预设，但人必须把上帝设想为在终极意义上不同于人的对象，同人永远保持间隔的对象。"[8]

---

6 在笔者看来，按照能指与所指的关系，人类世界中除了符号语言外，还有象征语言、指使语言，和它们分别对应的是符号语言学、象征语言学、指使语言学。迄今为止，学者们更多是从索绪尔开创的符号语言学角度来理解象征、指使这两个范畴。关于象征语言、指使语言，参见本书中的"伦理学"部分与《人文学的文化逻辑——形上、艺术、宗教、美学之比较》中的艺术、宗教、美学的内容。关于"象征语言学"，又参见查常平的《超越索绪尔之后——论艺术意义的生成》一文，查常平：《当代艺术的人文追思（1997-2007）》上卷，桂林：广西师范大学出版社，2008年，第332-337页。

7 笔者后来将"逻辑"一词的涵义总结为在希伯来传统中的"神言"、在希腊传统中的"人言"、在逻辑学传统中的"方法"。参见查常平：《新约的世界图景逻辑（第一卷）引论 新约的历史逻辑》，上海：上海三联书店，2011年，第39-52页。

8 查常平：《日本历史的逻辑》，成都：四川人民出版社，1995年，第10页。

关于价值的一般陈述

"我感到自己累了，／某种否定，在内心隐秘地滋长。／仿佛这微茫，只延伸着自己，／不肯去笼罩活的生灵！／／可我知道我在活着，／为每一个付出，累积代价。／我用这代价回答着你，／它的眼睛注视着，破裂和裸露。"[9]当人用代价回答邻人时，他其实是在向他们宣示自己的价值性存在，宣示他在自然面前作为自然生命的价值、在自我面前作为意识生命的价值、在他人面前作为精神生命的价值、在历史面前作为文化生命的价值、在上帝面前作为灵性生命的价值。正是这些从人的自我中显现出来的价值——物理价值、心理价值、精神价值、文化价值、神圣价值——的集合，赋予人在受造物与创造者中以存在的意义。

在哲学史上，是斯多葛派最早把伦理的善与价值（axia）相区别。他们将"有用的东西""值得渴望的东西"理解为有价值的。"价值作为哲学的中心概念，在 19 世纪末的德语文化圈的思想界中开始被使用、流通。"[10]希腊语"axia 来自形容词 axios, axios 本有'与……相当''与……有同样价值'的涵义。因此，axia 即某物内含的有用性。此物和拥有与己相当程度的有用性的其他事物，是可能交换的。在这点上，价值同'价格'的意义相近"。[11]一个事物有用，当然是在一定范围内才成立。而且，物的价值，即与物相当的有用性。这个与物相当的东西，给与物以有用性。物的有用性，源于其本身的个别性，源于物自身与他物不同的差别性。所以，差别性的物，规定着物的个别价值。但是，物的差别性来自何处呢？

物与物的差别，或物的自在本性，由物的意识性主体来确立。价值是"明确地被意识到的、能作为判断内容的东西"。"它在寻求妥当性中向我们逼近，但作为相对我们的价值，是由我们对妥当的对象承认、拒绝、或各种价值评价而成的东西。"[12]没有意识着物的人，没有作为意识生命而存在的人，

---

9 参见诗歌《奔涌的黄昏（组诗）》，远人：《你交给我一个远方》，广州：花城出版社，2015 年，第 120 页。

10 粟田贤三、上山春平编：《哲学 IX 价值》，细谷贞雄文"价值与主体"，东京：岩波书店，1971 年，第 111 页。

11 粟田贤三、上山春平编：《哲学 IX 价值》，细谷贞雄文"价值与主体"，第 27 页，山下正男文"价值研究的历史"。

12 粟田贤三、上山春平编：《哲学 IX 价值》，细谷贞雄文"价值与主体"，转引自第 213 页，此段为韦伯关于价值的定义。

物的价值因其丧失了差别性的根源而不可能呈现出来。正是有差别指向力的人，最终使物的差别性成为现实的差别性，即物所呈现出的有用性。离开主体的"选择基准"，[13]物的价值就无从诞生。一般意义上关于物的有用性的规定，只因为是物在向差别性的人打开自己才获得了价值的规定性。这样，价值一词内含的"与……相当"除了向人唤起物的差别性之外，还向人表明了物的差别性的根源——人的差别性存在。所谓价值是相对人而言的这句话的意义，就表现在其中。人关于世界的价值论言说，是通过规定物的差别性来展开规定者的差别性、人的差别性。

以上关于价值的词源意义的一般分析，使我们得出如下结论：价值是差别性的人关于物的差别性的规定。物从人获得的差别性，构成其有用性的根源。物的价值同物的差别性相关联，同时和人的差别指向力相勾结，它向人打开一个由差别性与相关性构成的世界。所以，人关于价值论的言说，最终都必须置身于个别价值相的言说，必须借助人的差别性指向力展开个别价值相的在场空间和它们之间的区别。

价值与逻辑的关系

如果言是逻辑的根本特性，那么，从基督教的言成肉身的启示中向人开出的逻辑，根本上是上帝——终极差别——给与的世界的差别。上帝的自在永在本身，表明自身与一切受造者的终极差别。通过言成肉身事件，上帝与人的终极差别又关联起来。这便是基督教关于人神和好的涵义。言成肉身，没有消除上帝与人的根本差别，而是在终极意义上使这种差别回到公义关系上。耶稣基督的复活，使上帝与人的公义关系得到永恒的持守。因为作为公义关系的双方（上帝与人），在逻辑上都不可能再次僭越活着的耶稣基督。藉着耶稣基督，人成为人、上帝成为上帝。

另一方面，人关于世界的价值论言说离不开人从上帝承受的我体性，离不开人内在的差别指向力[14]。人把世界纳入差别性之中，使物相对自己呈现出

---

13 栗田贤三、上山春平编：《哲学 IX 价值》，细谷贞雄文"价值与主体"，东京：岩波书店，1971 年，第 293、353 页。参见上山春平"价值研究的课题"一文。

14 无神论者，并不是不相信上帝存在，而是以否定的态度对待上帝存在。他们在否定上帝的存在中确认自己的存在。但是，如果上帝是虚无，那么他们为什么会去否定一个作为虚无的对象呢？除非他们在道德上不诚实。另一方面，无神论者也需要回答自己的"我体性"的根源，尽管他们的这种我体性显得非常肤浅。

价值。人的差别指向力，在终极意义上，不是由于给与了物以差别而是人承受上帝的终极差别指向才生成的。人与上帝的终极差别，世界中的人和物的差别、一切物之间的彼此差别从此得以展开。上帝承诺终极差别，人是终极差别的承受者。上帝所承诺的终极差别即言、即逻辑，人所承受的终极差别即人的言、即价值[15]。价值是人关于世界的差别性规定，逻辑是上帝关于世界的差别性规定。[16]在背靠终极差别这一点上，价值与逻辑关联为价值逻辑。人借终极差别对世界加以价值论言说，构成价值逻辑论的使命。这种价值逻辑，由于从终极差别的意义上展开不同的价值逻辑相，所以也可以称为价值神学。

价值逻辑论，将展开个别价值逻辑相与普遍价值及个别价值逻辑相之间的关系，并把此种展开活动植根于普遍价值的根源性探索上，植根于普遍价值和终极差别的相关性上。逻辑内在的理性规定性，使之具有终极差别指向力。这种终极差别指向力，临在于世界，即通过承诺人的差别性存在让人对世界加以差别性的言说。它就是人在动词意义上的言和在名词意义上的言。作为逻辑的言是上帝关于世界的差别性启示，作为价值的言是人关于世界的差别性言说。前者为世界的逻辑论，后者为世界的价值论。但是，上帝的启示同时呈现在人的承受中，世界的价值论不过是其逻辑论的延伸。这样，价值论在价值逻辑论中就占有主导地位。

---

15 前者即在希伯来传统中的"神言"，后者即在希腊传统中的"人言"。两者在根本上，规定了"逻辑"一词的涵义。

16 尼采将价值同道德相关联起来阐释，并在生命价值逻辑与生理价值逻辑两个层面上展开全部价值逻辑图景，这一方面带来了价值与个别价值逻辑相的混乱，另一方面致使各种个别价值逻辑相之间的界线模糊。由于作为至高价值根源的生存意志在生命世界（植物界、动物界、人物界）中的有限性，由于人借助成长为超人的神化和由此而来的与神圣世界的分隔，尼采必然陷入虚无主义的相对价值论。他在《强力意志》258节中说："我的主要学说是：没有任何道德现象，有的只是关于现象的道德解释。这种解释本身的根源在道德之外"（第214页，伦敦，1924年）。这个之外的根源，就是以生存意志为核心的强力意志，解释者的生命和生存意志。尼采关于道德价值与生理学价值的相关性问题，参见日本学者原佑的论文"价值的转换——尼采"一文（粟田贤三、上山春平编：《哲学IX 价值》，东京：岩波书店，1971年，第134-139页）。

第一章　逻辑世界中的伪真价值观

我们从历史世界与逻辑世界两个方面言说世界，没有把世界分为历史的与逻辑的意思。仅仅是通过言说历史与逻辑，开出世界的意义。世界只有一个世界，那就是在时间中绵延在价值中分别的世界。至于世界如何成为世界，这被纳入历史与逻辑的相关论分析中。

价值论是关于价值的本源、价值的根据、价值的展开方式的理论。在关于价值论的思想史上，由于没有把价值论的探究植根于逻辑论，没有追溯价值的终极根据，出现了以事实、肉体（人的存在所背靠的事实）为价值本源的理论。前者称作事实价值观，后者为肉体价值观。它们以价值的非本真样式展开价值的本真言说，是一种伪真价值观。价值逻辑论，以伪真价值观为论述起点，目的是为本真价值观的开启消除障碍。

第一节　事实价值观

元伦理学中的自然主义

事实价值观，指元伦理学中的自然主义。其根本的命题，是从事实引出价值的本源、价值的根据，它不仅把价值与事实等同起来，而且要根据事实解答价值问题。[1]"根据自然主义，伦理的言明在一切关于经验事实的言明上并没有减少其内容，因而能翻译成后者。"[2]用事实的言明代替伦理的、价值

1　粟田贤三、上山春平编：《哲学 IX 价值》，山下正男文"价值研究的历史"，东京：岩波书店，1971 年，第 11 页。

2　粟田贤三、上山春平编：《哲学 IX 价值》，山下正男文"价值研究的历史"，第 87 页。碧海纯一文"事实与价值"。

的言明，以此给出价值生成的根据，乃是所有自然主义伦理学的理想。将伦理学"科学化"，以科学的态度对待伦理学中的价值问题，以科学知识论建立逻辑价值论，从而在最终意义上遗弃价值论的言说，成为现代分析伦理学的目标与结果。

英国伦理学家穆尔，在其《伦理学原理》中把善的性质比作黄色的性质。人能够用认识黄色的方法说明善。[3]不过，20世纪上半叶关于颜色的研究表明，黄色是光的一种客观特性，一种波的长度，依靠颜色的色泽度、光亮度和饱和度，可以对之加以具体的解明。但是，怎样以此阐释善的性质呢？

由于不可能从事实性的言明中推出价值性的言明，逻辑实证主义者只有提出价值情绪说，以此为价值论的开启给出回避的理由。A.J.艾耶尔在《语言·真理·逻辑》中说："在命题中伦理符号所表达的，并没有在其命题的事实性内容上增加任何东西。"[4]关于伦理上的善恶陈述，如同发音的语调和句子的感叹号，这不会为文章的意义带来什么新的东西，只对表现说话人的感情有作用。

事实价值观企图从事实引出价值，其结局必然是价值情绪说。因为，事实不是价值，情绪也不是一种现成性的事实。把价值同人的情绪联系起来，用人的情绪给出价值的根据在终极意义上是不可能的。在情绪和价值之间，不存在必然的相关性。一个古董的价值，并不因为拍卖者的情绪愉快而更有价值，进而拍出更高的价格。何况，情绪本不可能加以经验性的言说，以不可言说的情绪去言说价值，暴露出自然主义者最初抱着的价值不可言说的信念。

价值和善的差别

事实价值观集中体现在伦理学中，这源于伦理学始终没有将价值同伦理的善相区别。"价值一般是在与道德的关联中被当作问题提出，甚至将道德价值认定为最重要的决定性价值。"[5]现代分析哲学家们，继承这种对价值和

---

3 粟田贤三、上山春平编：《哲学 IX 价值》，山下正男文"价值研究的历史"，东京：岩波书店，1971年，第48页。山下正男文"价值研究的历史"。

4 粟田贤三、上山春平编：《哲学 IX 价值》，山下正男文"价值研究的历史"，转引自第95页。关于价值情绪说，碧海纯一在其论文"事实与价值"中有较详尽的讨论，参见第89-99页。

5 粟田贤三、上山春平编：《哲学 IX 价值》，山下正男文"价值研究的历史"第134页。

善不加分别的传统，误以为关于善的观念的分析就能代替对价值本身的分析。其结果当然是无效的。价值不是伦理的善，斯多葛派哲学家如是区别。按照我们前面关于价值一词的语义分析，价值是物的有用性；物的有用性来自物的差别性，物的差别性由人的差别性指向力或人规定差别性的能力给与。这在根本上同逻辑相关而不是与伦理的道德相关。价值之所以是价值，因为它不是事实，因为它同事实存在终极的差别。事实价值观表达的，是一种关于世界的事实性言说信仰，而且是一种没有终极根据的信仰。认定天地阴阳气之类的事实性在者，这不可能言明人的存在、人的共在、人的同在的价值，不可能开启作为意识生命而存在的人、作为精神生命与他人共在的人、作为文化生命向祂同在的人。

事实价值观内含如下的信仰："从事实导出价值、从陈述性的东西引出规范性的东西"[6]在逻辑上是可能的。这种可能性的前提为：事实与价值的同一性和以事实代替价值的合理性，从而抹去关于世界的价值性言说，即人关于世界的差别性言说。具体地说，这种抹去的工作开端于物和人的差别处，进而将事实价值化、将物人化。

逻辑虚无主义的根源一

在价值论上，事实价值观构成逻辑虚无主义的根源一。

根据事实价值观，逻辑虚无主义相信：世界只由事实性在者构成而不由人的主体活动生成，相信没有关于世界的逻辑性言说和差别性言说。不仅世界中的物与人没有差别，而且物的差别就是人的差别。庄子的《齐物论》就是这种认识论的代表。一切价值论，在逻辑虚无主义者看来毫无意义。人关于物质自然的在、自然生命的生长、肉体生命的生存的差别性规定，在逻辑上不存在终极的根据。由上帝承诺的终极差别，对物质界、植物界、动物界甚至整个人类无效。这样，逻辑虚无主义的展开方式为物的人化。它包括物质的人化、生命的人化、肉体的人化。

---

6 粟田贤三、上山春平编：《哲学 IX 价值》，山下正男文"价值研究的历史"，东京：岩波书店，1971 年，第 257 页。关于事实价值观在逻辑上的不可能性问题，参见同书中粟田贤三"马克思主义与价值问题"一文。

物的人化

广义的物概念，指物质自然、自然生命、肉体生命，这也是事实一词的真正涵义。广义的价值概念唤起的，是作为价值给与者的存在者、共在者和同在者。物的人化，即事实的价值化，目的是为了以物的差别性代替人的差别性。所谓事实与价值不分，实质上是物与人无差别，人这个差别性的存在者丧失给与差别性的能力。

物的人化观念，把物的事实性之在理解为人的价值性存在，进而以物质的物性、植物的生长性、动物的生存性规定人性，甚至用生存权规定人权。在人的心理逻辑和物理逻辑、生理逻辑、生命逻辑之间没有根本的差别，并且，是后三种逻辑相的规定性规定着人的心理逻辑相的内容。动物的生存延续本能、植物的生长本能、物质的在的本性，就是人的人性的全部内涵。

作为逻辑虚无主义的一种展开方式，物的人化和作为历史虚无主义的一种展开方式的人的物化，仅仅在出发点上有差别。前者以物性为人性，后者以人性为物性。由于物的人化必然通过人的物化来实现，所以，逻辑虚无主义与历史虚无主义在言说内容上出现了相同的地方。[7]不过，两者发生的根据却不同。物的人化，根据物与人无差别的信念即逻辑虚无主义；人的物化，依凭人的过去时间观即历史虚无主义。

第二节 事实价值观的非价值性

法哲学家拉德布尔夫，属于新康德派成员，在其《法哲学》中说："当为命题，只能由其他当为命题给出基础使之得以立证。正因为如此，终极的当为命题是不可能证实的，如同公理一样不能证明只能确信。所以，和终极的当为命题关联的、相对立的主张，即相对立的价值观与世界观在相互争论、对抗的时候，人们用科学的一义性来解决它们，这在先是不可能的。科学考察的，是可以教人能干什么、不能干什么，但无能教人应干什么。"[8]这里，拉德布尔夫不仅指出科学对价值问题在逻辑上的有限性，而且认为价值论中的"当为命题"同"终极的当为命题"相关，是终极的当为命题给出一切个别的价值观的立证基础。

---

7 参见本书第1篇1章1节中的"过去时间观"部分。
8 转引自粟田贤三、上山春平编：《哲学IX 价值》，山下正男文"价值研究的历史"，东京：岩波书店，1971年，第43页。

科学告诉人物质界、植物界、动物界是什么，它无法为此提供更多的为什么的解释。甚至，它对人是什么这个事实性命题，只能做出非本质的描述。因为人是什么，在根本上不属于事实性命题而属于价值性命题。

事实与价值的差别

事实价值观这种价值论上的科学主义形式，在面对价值问题时同样有拉德布尔夫所说的有限性。事实作为事实本身，因为它不是价值，更不可能充当价值的根据。事实在事实上的事实性即它的有限性，有限性的事实不可能成为与终极差别（"终极的当为命题"）相关联的价值根据的设定者。在另一方面，当我们言说物的价值的时候，实质上是言说此物在相对被言说前的又一种功用或又一种差别。这种差别唤起人的注意。不过，人关于物的差别的意识却取自于他相应的差别意识力，是人的差别指向力言说出物的差别、物的价值。

人的差别指向力，根源于人的差别性存在。人的差别性存在，由终极差别给与。只有终极差别关于人的存在的差别性承诺，才使同在者全体相互差别。在此，价值的根据在人的差别指向力，在逻辑上由终极差别设定。价值的根源显然不在事实上，相反，正是价值本有的差别性决定着事实的事实性。

一个事实与另一个事实的差别，其根据在于差别的规定性。因为事实给与事实的，只能是又一个有限的事实。事实的个别性作为事实的共性，来自于终极差别通过人的差别指向力即人的逻辑能力的承诺。在逻辑上，正是终极差别规定了一个事实差别于另一个事实。

事实的价值性

事实价值观这种伪真价值观本身的成立，建立在事实与价值的差别基础上。从事实引出价值，以事实规定价值，其最低条件在于事实与价值的差别。否则，事实怎样去承诺价值呢？而把事实和价值区别开来的，恰恰是价值。价值本来意味着差别。价值在逻辑上先于事实。它既把自身同事实分别，又给与事实之间以差别。事实之间的差别，和事实与价值的差别，无不背靠着价值的规定性。这在本源论上可以称为事实的价值性。

还有，即使事实在事实价值观中能够给与以价值什么，其所给与的至多也不过是事实性的事实，而不可能是价值性的价值。事实无力像价值那样充当差别性的承诺者。

第三节　肉体价值观

事实价值观，是人关于外在世界的伪真价值观，它对象化在人身上则为肉体价值观。

肉体价值观，首先将肉体与价值的差别抹去，再用肉体的生存性来规定人的价值的内涵，从肉体的生存中引出价值的根源、价值的根据。人作为肉体的在、它的生长、生存，是人的意识的中心和人与他人共在的目的，同时是人这个同在者全体向祂同在的基本意向。

肉体的差别即人与人的价值差别

按照肉体价值观，肉体的差别性是人的价值差别性的给与者。人与人在价值上的差别，自始至终是肉体生存者之间的差别。肉体这个事实性在者——人的身体，是人的价值根据的所在。人作为人就在此诞生、成长、终结。为了生命的自我保存，每个人都有相应的自然权利，"就是每一个人按照自己所愿意的方式运用自己的力量保全自己的天性——也就是保全自己的生命——的自由。"[9]这里的人的"天性"，无非是人作为肉体生存者的生存。它和动物这种肉体生存者在根本上没有区别，甚至可以等同于植物的自然生命的生长。另一个唯物论者拉美特里在其《人是机器》书中指出：我们尊重他人的钱包和生命，是为了保全自己的财产、名誉和我们的身体。[10]个人的身体的自我保存，构成人生的全部主题。人和人的差别，只不过是肉体生命体间的差别，但在肉体价值观看来，这是人和人在价值上的差别。

逻辑虚无主义的根源二

肉体价值观以肉体的生存规定人的价值存在，使之成为逻辑虚无主义的根源二。依照我们关于逻辑的语义阐释，逻辑承诺价值的差别性以终极性，它为肉体和价值的终极差别设定边界。逻辑虚无主义，在肉体价值观中表现为肉体与价值的终极边界的消失，或者说是抹去两者的差别。边界消失后的肉体，在肉体价值观中充当价值的给与者和承诺者。肉体生存，成为价值的根据。

9　霍布斯：《利维坦》，黎思复、黎廷弼译，北京：商务印书馆，1985年，第97页。
10　北京大学哲学系外国哲学史教研室编译：《西方哲学原著选读》，下卷，北京：商务印书馆，1982年，第118页。

由于价值同终极差别的内在关联，由于终极差别是自在永在的上帝和人作为承受者的差别，那么，肉体价值化的结局自然是人的神化。人"将像上帝一样，认识善恶"[11]，充当善与恶差别的判断者。"所谓人的神化，首先是人作为事实性在者的精神化，人以其有限性代替神这个精神性的无限在者；其次是否定区别于肉体生命的精神生命对终极信仰的预设而以肉体生命的生存延续为人的终极信仰。"[12]肉体在人的价值存在中、在肉体价值观中的功能，根本上是承诺者的功能，类似于终极差别的给与机能。终极差别的给与，表现为上帝在下的言成肉身的努力。不过，对肉体价值观而言，上帝不过是一个同人一样的肉体生命体。

人的神化

肉体价值化这种人把自己神化的方式，通过人的意识生命的神化、精神生命的神化和文化生命的神化得以展开。人的意识、精神、文化在事实性上的三位和在以肉体生存为目的的一体，即上帝的"三位一体"，人性即神性（上帝性）。此种现象发生的原因在于：肉体价值化对肉体与价值的差别的终极根据的取消，耶稣基督在以肉体为价值本源的肉体价值观中被取消。祂的灵生及受死后的复活，由于没有圣灵的根据只有肉体的根据，因而是一种无根据的根据。无根据的耶稣基督，在肉体价值观中没有存在的必然性。这正好是肉体价值化所盼望的结果。难怪人在沉迷于肉体生存中会自觉拒绝接受耶稣基督！

肉体价值化为人的存在本质，价值化为意识生命、精神生命、文化生命的本质。这样，人的神化所带来的必然是人的肉体的神化，因为人的差别性存在由其肉体生存所规定。人的肉体的无差别本身，导致人的意识生命、精神生命、文化生命的无差别。它的事实性，使其在神化中代替了意识生命、精神生命、文化生命的生成性。这样，意识所意识到的，除了同样的肉体事实性外将不会有差别，精神的创造沦为一种事实向另一种事实的转换活动。至于文化生命这种人自觉自己的心灵的产物，也降格为一个事实性在者。难怪在肉体价值观的统治下的人们出现了创造力的极度萎缩乃至匮乏！

11　《创世记》3：5。新国际版（NIV），密歇根，1984 年。
12　查常平：《日本历史的逻辑》，成都：四川人民出版社，1995 年，第 13 页。

"如果人是他自己的上帝，那么，他就能为所欲为而对审判无所畏惧。……他应当崇拜和侍俸他自己而不是创造者"，[13]不是承诺终极差别和价值的上帝本身。人在自己的神化中已经登上了上帝的宝座，代替上帝给与自己的生存以终极合法性。人在肉体生存中作为事实性在者的无差别性，使其对自己在肉体价值化的行为中的差别承诺成为空洞的承诺。肉体因人的神化而堕落为肉体自身的价值根据和生存边界。人顺从肉体的欲望，行各样污秽的事，"装满了各样不义、邪恶、贪婪、堕落，满心是嫉妒、凶杀、争竞、诡诈、恶念；又是谗言的、诽谤的、憎神的、不逊的、傲慢的、自夸的；他们还是捏造恶事的人、背逆父母的人，是无知、无信、无情、无慈悲的人"。[14]保罗在此列举的人的罪，都是根源于人的神化或肉体的价值化的信仰。只要不信基督教的上帝在三位一体的承诺中所承诺的人与上帝的终极差别，在逻辑上人就无法避免神化自己的必然性；一旦人神化了，人的肉体及灵魂所行的一切过犯，便找到了最终的合法依据。

因为，肉体的价值化和人的神化所带给人的意识生命、精神生命、文化生命是同一事实性的规定——人的肉体生存性的规定，人在价值论的意义上被创造为一个虚无性的在者，他的精神活动将围绕生存的事实而展开，他的文化最多不过显现为关于肉体如何生存的非价值性理念体系。总之，肉体生存，占领了人的全部意识空间、精神家园和文化传统。人在价值论上的存在样式——意识、精神、文化——只是其作为肉体生存的不同表达。所以，逻辑虚无主义，实质上以价值的虚无化为特点，说到底是在为肉体生存主义辩护。

第四节　肉体价值观的非价值性

肉体价值观是这样一种伪真价值观：基于对肉体和价值的同一性信仰，而且是价值向着肉体同一而非肉体向着价值同一的信仰，肉体成为价值根据、价值本源的承诺者；全部价值观念——意识、精神、文化——的规定性，无不以肉体生存的事实性为内容；人在价值论上，仅仅被当作肉体生存者。他的一切生成性活动的目的，指向肉体生命的生存本身，不是把人生成为一个独立的存在者。

13　Warren W.Wiersbe, *Be Right*, Wheaton : Victor Books, 1977, pp.23-24.

14　《罗马书》1：24-31。译文参考和合本《圣经》，根据新国际版（NIV）和日本圣经协会 1900 年日文版《圣经》有部分改动。

肉体与价值的差别

肉体价值观，通过肉体的价值化、人的神化来实践其伪真的价值理想。说它是伪真的，因为它不是本真的，不是价值根据的终极承诺者，更不是价值本源的给与者。由肉体价值观所带来的事实上相互差别的世界，实质上是一个在价值论上毫无差别的世界，因为肉体价值观通过肉体承诺给价值的，只是作为事实性在者的肉体，一个个鲜活的肉体生命。在肉体价值观所生成的世界图景中，肉体的生存与血缘延续，既是中心又是边缘，既为目的又为手段。

价值本来代表逻辑承诺的差别，或者是人通过逻辑承诺的差别。价值概念，内在地要求差别性而不是同一性的规定性。一个对象和其他对象如果没有差别，它就谈不上什么价值；一个对象如果无能唤起人的差别性意识，它也没有价值根源。价值这个概念，一方面同对象的差别性相关，但更重要的是同人的差别指向力相关。正是人主观的差别指向力，赋与一个对象以独特的价值。不过，人的差别指向力又建立在什么基础上呢？

在谈论逻辑这个概念时，我们发现逻辑内含有终极差别的涵义，还一般地讨论了终极差别与价值的相关性。[15]按照我们前面的言说，只有终极差别才是一切价值所唤起的差别性相的终极承诺者。由上帝借着三位一体的承诺所建立起来的人与上帝的终极差别，即逻辑的内在规定性。人作为终极差别的承受者，因此具有了差别指向力或赋与对象以价值的能力。

但是，肉体价值观，从抹去肉体与价值的差别开始，通过肉体的生存性规定人的价值和差别指向力，以此企图实现对人的意识世界、精神世界、文化世界的差别性的规定。其结果，在根本上不仅没有给与它们以差别，反而是以肉体的生存性把它们统一为同一性的肉体世界。人的生成性世界，堕落为以肉体的生存性为内核的现成性世界。人在这种现成性的事实性规定中，丧失了自己作为与物的差别和作为一个类与植物、动物的差别。其中，动物的肉体生存性一跃成为人的人性，甚至取代了人性。

此外，肉体价值观这种伪真价值观，因不可能在价值论上承诺价值与肉体本身的根本差别，其承诺本身实际上与价值没有关系。价值承诺的差别性之在肉体价值观中的不可能性，使肉体价值观关于价值的伪真承诺在终极意义上和价值无涉。和价值不相关的肉体价值观，当然同差别也不相关，因而

---

15 逻辑与价值的内在相关性将在本编第二章中作详细的讨论。

无关于终极差别。也可以说，肉体价值观仅仅承诺了一个在终极意义上无差别的世界（包括对人自身的承诺），一个以肉体生存为主体的无价值世界。所以，肉体价值观是非价值性的伪真价值观。

肉体从价值获取差别本源

另一方面，人和人肉体上的相互差别，根源于给与差别的价值本身。人与人之间在肉体上的生理同一性能够显明出差别，只是因为各人所背靠的价值的差别性。各人按照自己对终极差别的信念向他人言说出自己的个体性，即他在人类中的终极差别性。俗话说相随心变，在价值逻辑论中即肉体的差别取决于他所依托的价值的差别。肉体自身，并不能给出人和人的差别性，尽管有人在生理上有缺陷，但那创造人的那一位从来没有承诺过在肉体上何为人的完全的形象；相反，祂要求人追求的是祂的身量，满有祂的信仰。肉体不但不能给与价值以差别，而且自身的差别还得自于价值承诺的差别。人的言说与书写，不过是这种差别承诺的表达方式。

第二章　逻辑世界中的本真价值观

价值观的真伪，体现在它的承诺是否达成了价值本己的差别性和这种承诺的终极性：对终极差别——逻辑的依赖性。

价值被斯多葛派哲学理解为物（对象）的有用性。对象的有用性相对它的有用者而言，是对象的用者而非对象本身开出的。用者必须用着对象的时候，对象的价值才得以呈现出来。对象在其被用中生成它的有用性。这样，作为用者的人，在价值生成中便起着关键作用。离开人对对象的使用，离开人对对象的有用性的生成性意识，对象的有用性或价值将无从产生。

对象的价值生成在人的用中，生成在人的差别性存在中。对象对人有用，取决于两个因素：一是用者的差别性意识，一是对象的差别性之在。其中，用者的差别性意识比起对象的差别性之在对生成对象的价值，又有更大的有用性。因为对象的差别性之在，只有在人的差别性意识中才呈现为差别性之在。只有差别性意识呈现出对象的差别性，对象的差别性之在，才生成为差别性的对象。在根本上，对象的价值，无非是它在向他人唤起用者的差别性存在。

在生成对象的价值中，人的差别性存在必须同时参与其中，并且在此过程中生成人的差别性。价值因此而为人的差别性规定。当这种差别性规定指向物的时候，它生成物的价值；当它指向人的时候，它生成人的价值。

价值观的真伪，还取决于价值承诺的终极性。一种价值对差别性的承诺是否背靠着终极差别，这构成价值承诺的真伪标志。终极差别从上帝与人的差别开始，展示世界中各种对象的差别性。上帝与人的差别，既是终极差别的现象性形式，又是它在下承诺世界之物的差别性的根据。作为终极差别的现象，上帝与人的差别，是承诺者与承受者的差别——上帝永恒地承诺着，人永恒地承受着。作为终极差别在下承诺的根据，只有当人是承受者的时候，上帝的承诺才得以展开。否则，人一旦遗忘自己的承受性僭越为承诺者，一旦相信自己跟上帝一样，[1]那么，人的伪承诺就遮蔽着上帝的真承诺。上帝的承诺反而在此情境中被遗忘。

事实价值观与肉体价值观给与价值的，始终是同一性的事实或人的肉体，两者不仅没有实践价值承诺的差别性，而且使这种事实和肉体的伪承诺失去了同终极差别的联结。它们把世界纳入无差别的同一性之中，因而是混沌之中。世界在事实价值观和肉体价值观的审视下，成为由一个个在价值论上互不关联的独立的肉体或事实。肉体为肉体而生存，事实为事实而在，这就是伪真价值观关于世界本质的承诺。

第五节　差别价值观

事实承诺的无价值性和非终极性

伪真价值观在两方面体现出它的伪真性：一是事实承诺（肉体为人的事实性在者）的无差别性因而是无价值性；一是事实承诺和终极差别的非相关性。无差别性的事实承诺，使价值失去了作为价值的根据，因为价值代表人的差别性承诺；和终极差别不相关的事实承诺，使承诺者没有获得承诺的终极性。事实承诺没有承诺价值的差别性规定，它只给与价值以无差别的事实性，因而让价值放弃了本己的差别性规定。至于事实承诺的合法性，只能在事实与价值的相关性中、在事实与终极差别者的相关性中给出。

事实在事实价值观中承诺了什么？难道除了事实外它还能给与更多的东西吗？难道事实承诺能够给价值以差别性吗？难道事实承诺能够在自己的事实性中承诺承诺的终极性吗？既然价值消失在同一性的事实中，价值与事实本身也就没有差别，作为承诺者的事实和作为承受事实的价值也没有边界。事实即价值，价值即事实，两者彼此僭越，这构成事实价值观的价值图景。

1　人相信自己能够像上帝一样并努力达成人的上帝化，这是人的罪的开端和一切罪中的源始形式（《创世记》3：5）。

事实承诺在伪真价值观中对价值的承诺失败，昭示出价值的另一种承诺方式存在的必然性，毕竟价值要求达成本己的价值性。这种能够给与价值以差别性的承诺方式，就是价值承诺本身。只有价值本己的差别性承诺，才能在终极意义上保证价值的本己性、价值的差别性规定性。

价值承诺的差别性

差别价值观，是在相对事实价值观和肉体价值观作为伪真价值观无力承诺价值的规定性中同时生起在逻辑世界中的本真价值观。说它是本真的，因为差别价值观通过价值承诺，直接承诺价值的本真性或价值的差别性。价值就是差别，对人是人的差别指向；对上帝是逻辑即上帝承诺的自己与人的终极差别或上帝的言。

价值承诺不同于事实承诺之处在于：它的差别性承诺。价值承诺对象之间的差别、人与物的差别和承诺者与承受者的差别。一切差别的源泉都在价值承诺里，一切差别性的展开都依赖于差别性承诺的自我给与。人发现对象有文物价值，因为发现者相信此对象比其他对象（当然是相对已经发现的文物对象）有独立的差别性的规定性。文物价值之对象的差别性，表现为对象在年代史上的个别性，它提示出对象远离发现者的现在的历史时间性。一个文物的文物价值，必须具有时间上的差别性。文物的价值这种文物的历史时间性，作为一种生成性时段由人设定。只有人才有历史时间的观念。难怪诗人芒克会这样写"老房子"：

它每日坐在街旁

它从不对谁说什么

它只是用它那使人揣摩不透的眼神

看着过往的行人

它面无光泽

它神情忧伤

那是因为它常常听到

它的那些儿女

总是对它不满地唠叨[2]

2　参见诗歌《老房子》，芒克：《一年只有六十天》，南京：译林出版社，2018 年，第 96 页。

但是，历史时间这种有限相对时段本身不是人给与的，因为有限相对时段仅仅在无限绝对时段中才成立。人不可能成为有限相对时段的相对者。这使我们从关于对象的文物价值的分析转入对价值的终极性的言说。

第六节　差别的终极性

历史时间的中心

任何人都有权说一个对象有文物价值，那么，人们为什么只相信文物专家的断定而不相信普通人的确证？因为，文物专家有别于普通人，这首先显示出他和普通人的差别性或他的价值性。此外，文物专家的差别性，还在于只有他能够将文物的历史时间具体地纳入历史的时间中，从历史文献方面把文物的价值展开出来——如文物的制作年代、其工艺方法及它与其余已经发现的文物的差别性、共同性。这种文物专家的考证活动，是他将文物的差别性呈现在历史中的过程。而且，文物专家还同普通人一样背靠着一个共同的历史时间。这种历史时间的中心，是普遍价值的承诺者——耶稣基督。祂的复活及其灵生所表达出的三位一体性对人类的价值，是人类选择耶稣基督为公元时间观的分界点的根本原因。在历史时间上，唯有耶稣基督的灵生、复活是最富有差别性的历史事件，也是对人类最有价值的历史事件。耶稣基督的差别性，启示着一切差别表象的终极根据。

终极差别被持守的方式

在基督教看来，正是借助耶稣基督这中保，[3] 人与上帝的差别才得以终极地建立起来并能够被持守。这种人和上帝的差别，又不等于两者的绝对分隔或互不关联。它意味着人和上帝的公义关系。耶稣的灵生表明：历史的耶稣的确是上帝的儿子。[4] 祂的爱道是上帝关于自己如何通过言成肉身实践对人的爱，祂的受死标示出上帝对人的最切中的爱及人和上帝的差别，因为死亡是人不可转让的本己性之一。历史上耶稣的灵生、爱道、受死，表达着上帝走

3　《提摩太前书》2：5。

4　历史上的耶稣的确实性在"四福音书"中有详细的记述。有关此命题的论述，参见汉斯·昆：《论基督徒》，上卷，杨德友译，北京：生活·读书·新知三联书店，1995 年，第 168-196 页。

向人或上帝生成耶稣位格的过程。但是，仅仅有这些，还不足以将人与上帝的公义关系完全地实践出来。历史的耶稣还必须是信仰的基督，[5]必须是复活、升天、再来、审判的那一位。耶稣的灵生，注定了祂复活的必然性。因为，从肉生的得死，从灵生的得活。[6]耶稣复活后向何处去？是为了在上帝的右边祈求，[7]为人预备栖居的处所。[8]这一切又指向基督的再来，因为在祂升天后历史的意义还没有得到公义的审判。信仰的基督必须再来，否则，祂在历史上的一切活动、祂的复活、升天就没有任何价值。十字架下的耶稣的复活、升天、再来、审判的历程，是人走向上帝的过程。正是在耶稣基督的位格上，上帝与人的关系才得以完美地表达。历史的耶稣是上帝与人的保证，信仰的基督是人与上帝的保证，耶稣基督成为上帝与人之间的中保。祂承诺了上帝与人的终极差别，并既向上帝又向人保证这种差别能够在相互临近中被持守的永恒可能性。上帝与人在耶稣基督里相互差别、相互关联。

在价值承诺中，人诚然是一切差别、一切价值的给与者，但他不是终极差别或终极价值的给与者。差别物自身的差别性的终极根据，由终极差别本身承诺。终极差别确证差别物独特的差别性，将这种差别性建立在终极的基础上。人通过命名万物使万物显现出差别，但人这个命名者之名为人，却由创造他的上帝命名。"耶和华上帝用土所造成的野地各样走兽，和空中各样飞鸟，都带到那人（指亚当——引者注）面前看他叫什么。那人怎样叫各样的活物，那就是它的名字。那人便给一切牲畜和空中飞鸟、野地走兽都起了名。""当上帝造人的日子，是照着自己的样式造的；并且造男造女。在他们被造的日子，上帝赐福给他们，称他们为人。"[9]何况，在人没有对动物命名前，上帝已经在"各从其类"的工作中为世界各物命名了。[10]正是和人具有终极差别的上帝，承诺了人相对物质、植物、动物的差别性。这种上帝叫人命名的言说，使人的命名行为获得终极的根据。因为，上帝的终极差别性给与人以差别指向力。人的差别指向力，通过人的命名行为得以现实地展开。无论关于物的差别还是关于人的观念的差别，无不通过人的命名来完成。

5　《约翰福音》11：25-27。

6　《罗马书》8：6、13。

7　《罗马书》8：34。

8　《约翰福音》14：1-4。

9　《创世记》2：19-20、5：1-2。

10　《创世记》1：1-24。

差别的终极性的涵义

人是现象事物的差别性的给与者，但人作为人的差别性、他的差别指向力，又由以终极差别为本质的上帝给与。上帝承诺终极差别本身，以此承诺人的差别指向力的终极性。上帝作为终极差别，以其自在永在的特性得以持守。不过，任何神化了的对象，包括许多哲学家的原初观念（如柏拉图的"理式"、黑格尔的"绝对精神"、尼采的"强力意志"、海德格尔的"此在"等）无不宣称自己是终极性的、自明的对象。然而，在这些宣称中，宣称者遗忘了如何持守其终极性的方式。即使有关于持守方式的承诺，因其宣称者的非终极性而最后落空。于是，哲学的历史，显现为一个原初观念被另一个原初观念代替的历史。另外，神化之物的历史，一样成为被某物代替的历史。

在人类历史中，只有上帝的宣称才是自在永在的终极的宣称。上帝通过三位一体的承诺，保证自己承诺的终极性。耶稣基督的复活，在上帝与人之间形成永恒的中保——祂一端保守上帝的神性，一端保守人的人性。正是在耶稣基督活着的中保中，人作为永恒承受者和上帝作为永恒承诺者的地位才得以现实地在历史地平线上凸现出来。

以上关于终极差别如何持守其终极性的言说，让我们明白了差别的终极性根源和价值根源的根源。价值是人关于对象的差别性规定，这种差别性规定的根据由终极差别给与。终极差别在承诺一切差别表象的差别性中，显明差别表象的差别性。这正是差别的终极性内在的涵义。

第七节　差别的同一性

差别的同一性的涵义

对象的价值体现在对象的差别性上，对象的差别性之在，主观方面来自人的差别指向力，客观方面来自上帝的终极差别承诺。所谓主观方面，指价值承诺同人的相关性；所谓客观方面，指价值承诺同上帝的相关性——同终极差别的相关性。没有任何一方的参与，对象的价值将无从呈现。终极差别承诺人的差别性规定以终极性。

差别的同一性，意味着一切差别相在差别性上的同一性。无论个别差别相之间多么富有差别，它们共同都和终极差别相关联，共同由终极差别承诺其个别的差别性。终极差别，从承诺自身的终极差别性——上帝的自在永在性中，[11]承诺一切差别相以终极的差别性。个别差别相[12]在承受唯一的终极差别的承诺这点上，是同一的。它们一同显现在终极差别所确立的差别图景中。这就是由价值逻辑论展开的在价值逻辑序列中的个别价值逻辑相。

个人在价值论上的同一性

差别的同一性，把作为个人而存在的同在者全体和终极差别——上帝——关联起来。尽管个人都承受终极差别的承诺从而生成自己的个人性，他们共同承受终极差别表明他们在价值论上的同一性，即在价值论上对同一个终极差别的承诺者的依赖。人与人的差别，在终极差别的意义上被统一为与祂差别的同在者全体。这种同一，不是人对终极差别的替代，或者说正是人对终极差别的不可替代性显明人的同一性——任何人不可能替代终极差别的同一性。

在基督教中，终极差别——上帝——通过永生的耶稣基督，阻断作为个别差别相的人和终极差别同一的可能性，阻断个别差别相和终极差别的同一可能性。这种阻断，并不意味着个别差别相和上帝没有关联。相反，恰恰是耶稣基督，保证了人与上帝——个别差别相与终极差别——的相关性，即在差别的同一性意义上的相关性。耶稣基督的永生，使终极差别与个别差别相不再互相过渡和绝对分隔。"只有在耶稣基督的位格上，才能找到上帝与人（终极差别与个别差别相——引者注）的连接点：正因为耶稣基督活着，上帝与人才活在一种关联之中：没有一个自为的在彼的上帝，也没有自为的在此的人，上帝是为了人的上帝，人是属于上帝的人。"[13]所以，差别的同一性，为个别差别相通过耶稣基督与终极差别相关联的同一性。人这种个别差别相的命名者，其本身就是在承受终极差别的承诺中生成的最丰富的个别差别相。人和人再大的差别，都有借耶稣基督与终极差别相关联的

11　和合本《圣经》将《出埃及记》3 章 14 节上帝对摩西说的言译为"我是自有永有的"。天主教思高版《圣经》译为"我是自有者"。此句法文为"Je suis celui qui est"。（我是其所是）；拉丁文为 Ego sum qui sum。拉丁文"sum"有"在、有、是"之意，所以可译为"我是其所是"；英译新国际版（NIV）译为"I AM WHO I AM。"（我是其所是，这和希伯来语与希腊语《七十子译本》呼应：אֲשֶׁר אֶהְיֶה אֶהְיֶה, ἐγώ εἰμι ὁ ὤν）。但译为"我是自在永在"更能表达出上帝的上帝性。

12　个别差别相，指各种不同的呈现出差别的观念样态。

13　刘小枫：《走向十字架的真》，北京：生活·读书·新知三联书店，1994 年，第 70 页。

同一性。耶稣基督说："我就是道路、真理、生命；若不借着我，没有人能到父那里去。"[14]

由于耶稣基督，"我们不拘是犹太人，是希利尼人，是为奴的，是自主的，都从一位圣灵受洗，成了一个身体，饮于一位圣灵"，[15]"同有一个指望。一主，一信，一洗，一上帝，就是众人的父，超乎众人之上，贯乎众人之中，也住在众人之内"，[16]应许承受同样的产业，"在耶稣基督里都成为一了"，[17]"借着福音，得以同为后嗣，同为一体"。[18]

《约翰福音》第一章中，耶稣基督被启示为成肉身的言。言就是上帝之圣言、逻辑。个别差别相，凭着耶稣基督和终极差别（上帝）的相关性所显明的同一性，因此为逻辑上的同一性。凭着耶稣基督，实质上是以逻辑为自己的内在显象，差别的同一性即差别的逻辑性。因为，差别的差别性，最终源于与上帝同在的言、耶稣基督、逻辑本身。正是终极差别的自我开出和主动的在下承诺，[19]设定了差别的规定性——个别差别相的个别性。个别差别相，只有在其永恒承受终极差别的承诺中才能持存自己的个别差别性。

差别的逻辑性

差别的逻辑性，表明个别差别相和终极差别相关联的方式。这种方式，以耶稣基督——逻辑——为自己的规定性。个别差别相，不可能避开逻辑实现和终极差别的同一，它必须借助逻辑或耶稣基督，必须在走向逻辑的途中、在承受逻辑的终极承诺中显明自己的差别性、个别性。假如差别不具有逻辑性的规定性，那么，包括人在内的个别差别相，就可能越过耶稣基督替代终极差别——上帝。"把上帝的三位一体性抛弃掉，是近代神学以来的作法，其后果是灾难性的。"[20]如果说耶稣基督是上帝的内在位格，那么，抛弃耶稣基督是对逻辑本身的抛弃，其结果对差别的持守同样是灾难性的。个别价值

---

14 《约翰福音》14：6。

15 《哥林多前书》12：13。

16 《以弗所书》4：4-6。

17 《加拉太书》3：28-29。

18 《以弗所书》3：6。

19 在基督教里，由耶稣基督确立的人与上帝的差别不是人的行为的结果，而是上帝爱的显示。《约翰福音》3 章 16 节说："上帝爱世人，甚至将祂的独生子赐给他们，叫一切信祂的，不至灭亡，反得永生。"

20 刘小枫：《走向十字架的真》，上海：上海三联书店，1994 年，第 163 页注释。

逻辑相在东方历史中，在价值论上由于拒绝终极差别的逻辑承诺，或以个别在世者的承诺代替终极差别的逻辑承诺，因而使自己沦为没有差别性的事实性在者或事实上的同一性在者，沦为互不相关的原子式的在者。

差别的逻辑性，保证了个别差别相在价值论上和终极差别如何相关的可能性。不仅如此，它还使事实成为事实本身、肉体成为肉体本身。事实、肉体在价值逻辑论中，因为差别的逻辑性获得了自己的差别性、自己的有限价值。事实的价值，体现在物理价值逻辑与生命价值逻辑中；肉体的价值由生理价值逻辑表达。

主客观差别逻辑

在我们过渡到对个别价值逻辑相的讨论前，有必要探究一下在时间历史论和价值逻辑论中出现的两对差别逻辑——主客观差别逻辑和有无限差别逻辑。它们的涵义，具体呈现在时间历史序列中的个别时间相与在价值逻辑序列中的个别价值逻辑相之中。这里，只对其加以一般性的描述。

主客观差别逻辑所表达的，是承受者与承诺者的差别。无论在普遍时间和个别时间相的关系中，还是普遍价值和个别价值逻辑相的关系中，都有客观和主观的差别或承诺者与承受者的差别。物理时间与物理价值逻辑，客观地承受普遍时间与普遍价值的承诺，它们只能被动承受普遍价值的承诺，无力意识这种承诺本身。同样，此种客观性也体现在包括生命时间、生理时间在内的一切现成性时间相中，以及包括生命价值逻辑、生理价值逻辑在内的一切现成性价值逻辑相中。相反，主观性内在于生成性的时间相与价值逻辑相中。这些生成性的时间相与价值逻辑相，能够意识到自己在承受普遍时间和普遍价值的承诺。不过，在承诺者本身那里，主客观的差别性则被其同一性所代替，因承诺者本是主客观差别性的同一体。

有无限差别逻辑

有无限差别逻辑，用于描述普遍时间和个别时间相、普遍价值和个别价值逻辑相的关系。个别价值逻辑相在时段上的有限性和它在空间上的有限性，是它们能够持守自己的个别性的根本保证。相对而言，普遍时间在时段上的无限性和普遍价值在空间上的无限性，是其实现普遍承诺的最终条件。普遍时间和普遍价值在普遍性的意义上而无限——不受个别时间相与个别价值逻辑相的限制；个别时间相和个别价值逻辑相，不仅受到普遍时间与普遍价值的限制，并且受其自身的制约，因而是有限的——个别性和普遍性是它们有限性的边界。

言说差别的同一性、终极性，最终都必须回到言说价值的差别性上来。由于差别是价值的内在规定，因此，差别的逻辑性即为价值的逻辑性。这种逻辑性，展开在价值逻辑论关于个别价值逻辑相与普遍价值的相关性中。由普遍价值在下承诺的个别价值逻辑相之间的差别，构成本真的价值逻辑图景。这种图景，生起在价值逻辑序列中，实践终极差别的终极性和差别自身的同一性。在我们开起个别价值逻辑相的同时，个别世界相的差别逻辑及作为个别价值逻辑相的构成因素的在场者、在场方式、场所的差别逻辑将一同开起。

第三章　物理价值逻辑

价值与逻辑在终极信仰中的同一性

在分别考察了逻辑和价值的特性后，我们见到两者在差别性的规定性中具有同一性。逻辑是上帝之言，上帝关于人和世界的差别性之言；价值是人之言，人关于自身和其栖居的世界的差别性之言。两者通过终极信仰统一为价值逻辑。人的价值设定，出自设定者的终极信仰；上帝的逻辑言说，遵循祂关于自身的自在永在的、作为创造者的终极信仰性。价值与逻辑共同和终极信仰相关，展示出它们的同一性，它们的差别构成人与上帝的终极差别的现象性形式。

三位一体中的终极差别

终极差别，不仅仅展示在人与上帝的关系上，而且表达在上帝的三位一体性中。在圣父、圣子、圣灵之间，在逻辑上存在不可替代的位格差别性。圣父创造世界，圣子救赎世界，圣灵见证于圣父、圣子、世界之间。"圣父是作为作者的上帝——所有存在对象的创始者。在祂心中起初设计了一切。圣子，我们的救主，是作为工匠的上帝——艺术家，也创造了起初在父心中设计的一切。圣灵是也将这些事实（上帝的创世计划及其创世行为——引者注）呈现在我的心及我的灵智中，以便使它们对我这个体是真实的、相对的。"[1]圣灵确证圣子在圣父中的创造。"'三位一体'这个词，由意指三的'tri'和

---

[1] Phillip Keller，《一个牧羊人看"诗篇"23章》，Minneapolis，Minnesota，1970，第16页。

意指一的'unity'合成。'三位一体'，指在一体中的三位或在三位中的一体。的确，'三位一体'这个词在《圣经》中没有出现，但其真理内含于其中（也参看《马太福音》28：17、20；《约翰福音》14：16、17、26；《哥林多后书》13：14；《以弗所书》4：4-6）。

基督徒并不相信有三个神。他们信仰在三位——圣父、圣子、圣灵——中的唯一上帝。基督徒也不相信那只以三种不同方式向自身显现的一个上帝，如同一个男人可以作为丈夫、父亲、儿子一样。不，《圣经》教导的上帝，是一个但祂存在于三位中。"[2]这种终极差别，又是终极同一的，"对内三位彼此相识相爱，对外三位与世人建立各种交往：父造世，子救世，圣神（圣灵——引者注）化世人和宇宙"。[3]上帝在《圣经》中启示自己为"三位一体"，[4]确保了神性承诺的真实性。耶稣基督的永远活着、《旧约》有关祂的预言在《新约》中的实现、祂关于天国"近了"[5]的终末论应许，无不表达出神性承诺的真实性。这种真实性，首先是一种价值的、逻辑的真实性。因为，在上帝与人之间，就是有耶稣基督的位格，而且必须有耶稣基督的位格。否则，在人类社会或人类历史中将无法根除人的神化及上帝的人化的非公义逻辑。耶稣基督的灵生爱道受死复活升天再来审判，现实地给出了人成为人、上帝成为上帝的当然根据。上帝的归上帝，恺撒的归恺撒，[6]人的归人。从此，逻辑世界才显现出它的公义性——各种个别价值逻辑相的自我复归，它们各自回到自己在创造中的位置。由上帝的终极差别性所开启的人、上帝的终极差别依靠普遍价值本身的在下承诺，具体开展在个别价值逻辑相中。它同时是普遍价值的普遍性的现实完成。

个别价值逻辑相的区分

在价值逻辑序列上，我们将各种个别价值逻辑相依照承受者在场的必然性，划分为物理价值逻辑、生命价值逻辑、生理价值逻辑、心理价值逻辑、社

---

2 Warren W. Wiersbe, *Be Real*, Wheaton : Victor Books, 1972, P.14.
3 房志荣：《儒家思想的"天"与《圣经》中的"上帝"之比较》，刘小枫主编：《道与言——华夏文化与基督教文化相遇》，上海：上海三联书店，1995 年，第 515 页。
4 《创世记》1：1-3；《约翰一书》4：2。
5 《马太福音》4：17。
6 《路加福音》20：25。

会价值逻辑和历史价值逻辑。[7]探究普遍价值如何在下承诺各种个别价值逻辑相及它们的个别性，构成价值逻辑论的使命。

第八节　物理价值逻辑的源始性

物理价值逻辑与普遍价值的关系

既然我们将价值逻辑规定为人与上帝在承受与承诺的相关性中形成的差别逻辑，那么，物理价值逻辑的源始性，着重解明物理价值逻辑和普遍价值的关系。

由三位一体的上帝本身自我给出的上帝与人的终极差别，承诺了普遍价值。在价值逻辑论中，我们将价值照其本真的涵义阐释为人的差别性规定性。当这种规定性建立在上帝的终极差别的承诺基础上时，当人以上帝同自身的差别为终极背靠去逻辑直观世界时，人所承受的便是普遍价值的在下承诺。普遍价值的普遍性，源于终极差别面对个别价值相的普遍性承诺。从个别价值相本身中，不可能生起普遍价值。但是，普遍价值相对一切个别价值相却持有普遍性，它在价值逻辑序列中完全达成自己的普遍性，其方式为在下承诺个别价值逻辑相的普遍差别性及普遍相关性。

普遍价值在下承诺的源始性

物理价值逻辑的源始性体现为：普遍价值在下承诺的源始性和人关于物理世界的价值逻辑承诺的源始性。源始性，不同于时间论上的原始性，而是价值逻辑论上的根本性。普遍价值承诺物理价值逻辑为其他个别价值逻辑相的根基，让后者以此为基础实现其差别性。上帝不仅通过普遍时间在下承诺了物理时间的源始性，而且以普遍价值承诺了物理价值的源始性。"《圣经》的创世叙述同时涉及两种诞生，即宇宙的诞生和时间的诞生。"[8]宇宙的诞生在此表明物理价值逻辑的诞生，天和地、暗和光、陆和海的差别的诞生。[9]上

7　这种价值逻辑序列的建立在学科史上的根据，参见 L. A. 怀特：《文化的科学》，沈原等译，济南：山东人民出版社，1988 年，第 110 页。

8　路易·加迪等：《文化与时间》，郑乐平、胡建平译，杭州：浙江人民出版社，1988 年，第 195-196 页。同书中安德烈·内埃写的"犹太文化中的时间观和历史观"着重探索了创世与时间的关系。

9　《创世记》1：1-9。

帝关于物理世界的差别性承诺从这里开始。在"当初"上帝造天与地时，天与地就是两个差别性的在者。但是，这种差别性，由暗与光的差别性得以持守。在天和地的差别性承诺中，必然包含暗与光的承诺。因为没有光，何以见出天与地的差别？而上帝将天和地承诺为差别性的在者，说明作为承诺者的上帝本身便是差别性的自在永在。差别性的上帝流出差别性的世界。上帝在创造天与地的同时，祂的灵也运行在水面上，由祂说出的言具体化为光，将光从暗中分离。上帝的创世、上帝之灵对物质性在者的超越性、上帝之言的世界化，无不表明上帝的三位一体性，其差别性在时间论上的同一性。"**开始**上帝创造天地；**现在**地是空虚混沌，渊面黑暗，**和**上帝的灵运行在水面上；**和**上帝说：'要有光，'就有了光。"[10]物理价值逻辑在"开始"伴随三位一体的上帝被创造，其差别性来自三位一体的上帝的差别性承诺。上帝在时间历史论上的同一性中，展开价值逻辑论上的差别性。这对上帝言，即三位一体的差别性和同一性；对物质世界言，即物理价值逻辑的差别性和同一性。

从人类知识体系的发展看，人源始的关注对象，还是物质自然而不是其他的以人为主题的生成性价值逻辑相。

"在古代哲学史中，苏格拉底的特出贡献，就是他建立了一个新的概念，亦即他把伦理学加进了哲学，而过去哲学只是考察自然的。"[11]哲学从苏格拉底开始发生了转向，"从'自然'到'自我'的转变"，[12]从前在自然的事实性在者中寻求万物的始基，转变为在人的自我、人的心中开出世界的本原。换言之，在转向之前，哲学关注的对象是自然，而且努力从中寻出万物的根本。自然中的"水"（泰利斯）、"无限者"（阿那克西曼德）、"气"（阿那克西美尼）、"火、气、水、土"（恩培多克勒）、"原子"（留基波和德谟克里特），这些米利都学派哲学家信奉的万物始基，无不同物质自然的事实性在者相关。即使在毕达哥拉斯学派那里，作为万物根源的数依然同数学的几何学的图形相联系。只是到了苏格拉底，哲学的问题中心才有从"自然"向

---

10 《创世记》1：1-3。本段经文以和合本《圣经》为基础参照 NIV 英文译出，文中黑体为引者加，英译本正好表达了希伯来语原文所说的创世在时间论上的同一性。

11 黑格尔：《哲学史讲演录》第 2 卷，贺麟、王太庆译，北京：商务印书馆，1983 年，第 42 页。

12 参见叶秀山：《苏格拉底及其哲学思想》，北京：人民出版社，1986 年，第 65-82 页。

"伦理"的真正转变。[13]在苏格拉底之前，许多哲学家的著作都以"论自然"命名。这说明在古希腊时代，物质自然不仅成为哲学家首先注意的对象，而且他们相信物理世界的逻辑就内含在物质自然本身之中，并努力从中给出世界的本源性差别逻辑图式。

就科学范围的拓展而言，孔德和斯宾塞两人认为最早出现的还是物理科学，其次是生物科学，然后是社会科学。[14]文化人类学家怀特对此作了如下的描述：人类关于世界的哲学理论，"首先在对天体的研究中站住脚跟，由此而进展到其他物质现象领域。以后，它跻进了生物现象的王国，先征服了解剖学，接着是生理学，后来是心理学，从个人心理学出发，这一新解释又扩大到社会心理学"，[15]最后是文化学。物理科学的对象，当然是物质自然。物理学，无非是关于物质自然的价值逻辑图式。

创世承诺对创人承诺的源始性

怀特将科学范围的拓展根据，建立在物质自然对象与人类行为的关系上，凡是那些同人类行为最为疏远的经验领域，科学就最早发生。反之，在那些同人类行为有更多的相关性领域，科学就产生得最晚、成熟得最慢。[16]但是，为什么人类最初偏要去关心那些和自己最无关的天体、星系等物质对象而不将自己的智慧用于自身呢？为什么"天文学"在人类历史上的起源要早于其他自然科学呢？[17]笔者认为：这和物理价值逻辑源始承受普遍价值的在下承诺有关。上帝的创世历程，预示着科学进展的历程。因为上帝首先造的，不是作为认识者的人而是作为被认识者的天、地等物质自然体。上帝按照自己的三位一体的形象，在第六天创造人，并让人管理海中的鱼、空中的鸟、牲畜、全地及地上的百物。不过，人怎样承担上帝赋与自己的使命呢?人只能先认识上帝在物质自然中所定下的法则，然后才谈得上管理它们。

---

13 坂田昌一、近藤洋逸编：《哲学 VI 自然的哲学》，东京：岩波书店，1971 年，第73 页。

14 L.A.怀特：《文化的科学》，第沈原等译，济南：山东人民出版社，1988 年，第 58 页。

15 L.A.怀特：《文化的科学》，第沈原等译，济南：山东人民出版社，1988 年，第 110 页。

16 L.A.怀特：《文化的科学》，第沈原等译，第 68-69 页。

17 彼得·柯文尼、罗杰·海菲尔德：《时间之箭》，第江涛等译，长沙：湖南科技出版社，1995 年，第 21 页。

至于人自身，因其是以三位一体的上帝形象被造的，他是身体、灵魂、精神的三位一体。[18]他受造的命运决定了自己与上帝的顺服关系，顺服上帝的命令在认识物质自然中管理好这个世界。在上帝的命令中，注入了创世承诺相对创人承诺的源始性和关于物质自然被认识的优先性。所以，物理价值逻辑的源始性，根源于上帝通过普遍价值在下承诺的物质自然的源始性，它同源始性的物理时间一起生成物理世界。

第九节　物质自然在的逻辑

物理主义的破产

关于物理价值逻辑的源始性的探究，主要企图展开物理价值逻辑与普遍价值逻辑的相关性及其间的差别性。在价值逻辑序列中，物理价值逻辑相，仅仅是一种源始性的、普遍价值的承受者。相对其他价值逻辑相，物理价值逻辑并不具有逻辑上的优先性，因为它仅仅是价值逻辑序列中的一相，而不是其他价值逻辑相的承诺者。它从普遍价值的承诺中承受了作为独立价值逻辑相的身份。它是被承诺者而不是承诺者。这就是物理主义逻辑上必然破产的原因。

在科学史上，物理主义代表这样一种信念体系：自然科学及社会科学的种种事实和规律，从原则上说可以从物理学的理论假说中推演出来；主体间证实是科学意义的标准，科学中一切实际认识的陈述的证实基础是统一的主体间的感性观察。各种科学理论正在形成统一的解释原理和解释系统，而心理生活的事实和规律可做出"物理的"说明。一切理论名词可用物理学名词来下定义。通过任何一个观察者的感性经验，在原则上，宇宙中的任何事物

18　《创世记》1章26-28节。在26节，"上帝（单数）说：'让我们（复数）按我们（复数）的形象造人。'"一个单数的"上帝"和一个复数的"我们"，将上帝显现为三位一体的存在。因为结合《创世记》1章1节就能明白，此处的"我们"，当然指运行在渊面上的"上帝之灵"和作为上帝之言的"言"本身。上帝的三位一体在人身上显现为"身体、灵魂、精神"的三位一体（见《帖撒罗尼迦前书》5：23）。在2章7节中，"上帝用泥土造人，并在他鼻孔里吹入生命之气；于是，人就成了有灵的活物。"所谓人有上帝的样式，因而指人在本性上同构于上帝。人在世界中的高贵性就体现在这里。它同时是人能够在终极意义上认识上帝的原因。如果拒绝接受人是上帝的创造，那么从动物进化来的人便没有办法保证自己作为人而不是动物存在的尊严。

可以间接地加以证实。[19]按照罗素的设想，有机化学存在一种倾向：有生命的物质的每个特点，能够还原到化学，最后还原到物理学。[20]

说物理主义是一种信念体系，因为物理规律的有效性只适用于物质自然界，它仅仅是对物理价值逻辑的描述。至于物理主义者声称的感性观察的方法，也只是自然科学研究中的方法，未必普适于社会科学甚至人文科学。在物理价值逻辑外，还有其他价值逻辑相的存在；在感性实证的方法外，依然存在适用于各种价值逻辑相的认识论。况且，由物理主义所描述的物理价值逻辑本身，就是被承诺者。在这点上，它并不优越于其他价值逻辑相，以至成为其他价值逻辑相的规定者或承诺者。

物理主义的出现，原因在于对物理价值逻辑作为个别价值逻辑相的个别地位的忘却，在于物理主义者对各种价值逻辑相的个别性的无明。如同物理价值逻辑的源始性所展示的那样，是普遍价值本身承诺了物理价值逻辑的个别性和相对其他价值逻辑相的差别性；而且，虽然在价值逻辑序列中，各种价值逻辑相存在相关性的一面，但它们还从普遍价值那里承受了唯一属于自己的差别性。不能因为在个别价值逻辑相中发现其相关性的一面，就忽视它们的差别性。在普遍价值面前，物理价值逻辑和价值逻辑序列中的其他价值逻辑相处于平等地位，它们都是普遍价值的承受者。

价值逻辑论从人的价值理念与上帝的逻辑言说的关联中，给出每种价值逻辑相在价值逻辑序列中的差别性。由价值逻辑论所建立起来的世界图式取决于两方面的规定性：人根据自己的需要提出的价值理念体系和上帝按照自己的特性启示的逻辑言说。只有前者没有后者，世界的逻辑图式就没有神圣的、绝对的保证；只有后者没有前者，世界的逻辑图式便丧失了人性的方向即价值。世界图式，必须同时建立在价值与逻辑的基础上，建立在人与上帝的关联中，即必须以价值逻辑论的方式来展开。这种方式，将人的价值理念同上帝的逻辑言说关联起来，将人的理想与上帝的启示协调一致。一切伟大的科学家，无不是上帝渺小的仆人。他们所发现的物质自然的秩序、规律、定理，在终极上是上帝通过他们的自我言说。正是在这个意义上，科学家才被尊敬为自然规律的发现者，而不是创造者。现代天体物理学在解释宇宙为

19 洪谦主编：《逻辑经验主义》，下卷，北京：商务印书馆，1982 年，第 530-531 页。
20 罗素：《人类知识的范围和界限》，张金言译，北京：商务印书馆，1983 年，第 43 页。

什么以热大爆炸模型的方式起始时所遇到的困难启迪人："宇宙的初始态在每一处必须刚好有同样的温度，才能说明我们在每一方向上看到的微波背景辐射都有同样温度，其初始的膨胀率也要非常精确地选择，才能使得现在的膨胀率仍然是如此接近于需要以避免坍缩的临界速率。这表明如果直到时间的开端热大爆炸模型都是正确的，则必须非常仔细地选择宇宙的初始态。所以，除非作为上帝有意创造像我们这样生命的行为，否则要解释为何宇宙只用这种方式起始是非常困难的。"[21]科学最终发现的一组描述宇宙的方程，必须有一个承诺者或设定者，这就是自在永在的上帝本身。

希腊人的自然观

其实，在希腊人的自然学中，他们也没有忘记从逻辑的、神的维度规定物质自然。泰利斯说"万物充满诸神"，阿拉克西曼德以"无限者"为"神性的在者"，阿拉克西美尼认定"气"也是"神性的在者"。对毕达哥拉斯学派言，"自然本身就是神性的在者"。因为，古希腊哲学家意识到：神给与了宇宙以永恒性和规则性，并内在于自然中。[22]另一方面，在希腊语中，自然这个词内含有"存在"与"生成"的两重意义。"存在"的即"生成"的，"生成"的即"存在"的。两者共存于自然中，这是初期希腊自然观的特质。根据日本学者伊东俊太郎的观点，只是在巴曼尼德斯后，自然概念才分别为德莫克里特的"存在"和亚里士多德的"生成"。[23]

既然自然有"生成"的涵义，那么，作为"生成"的自然，必然有一个促使生成活动得以实现的对象，使存在成为存在的对象。这个对象，在价值逻辑论中被理解为承诺普遍价值的承诺者。尽管古希腊人的自然概念包括神、人、灵魂之类的一切存在者，但他们没有自觉到神在一切存在者中的特殊性。他们关于自然的探究，启迪了从普遍价值的承诺者维度审视物理价值逻辑的必要性。

物理价值逻辑是关于物质自然在的逻辑。

---

21 史蒂芬·霍金：《时间简史》，许明贤、吴忠超译，长沙：湖南科技出版社，1995年，第118页。同时参见第126、129页。

22 坂田昌一、近藤洋逸编：《哲学 VI 自然的哲学》，东京：岩波书店，1971年，第77-79页。

23 坂田昌一、近藤洋逸编：《哲学 VI 自然的哲学》，第81-82页，注释17。

认识论的物质定义的局限

唯物论哲学主要从认识论的角度、从物质与意识的关系中规定物质的本性。"物质是标志客观实在的哲学范畴，这种客观实在是人感觉到的，它不依赖于我们的感觉而存在，为我们的感觉所复写、摄影、反映。"[24]客观实在性，尽管在从认识论上定义物质概念时是物质最重要的规定性，但认识论本身作为理解物质概念的出发点，本然昭示出物质同人的感觉、人的意识的相关性。离开人的意识对物质概念的生成性把握，物质的客观存在将不可言说。唯物论哲学关于物质的定义，在认识论上仅仅是一种信念的表达：物质第一性、意识第二性，只是被唯物论者信仰的结果，而不是物质自然界的客观呈现。这种物质概念内含的信仰陈述和同人的意识的相关性，暗示出物质概念将从何种前提可以得出自己的规定性的途径。

在列宁的唯物论哲学中，作为哲学概念的物质往往等同于现实世界、外部世界、自然。[25]但是，价值逻辑论把物质同自然联系在一起考察，主要是基于从存在论上理解物质自然的需要，并将它作为物理价值逻辑的对象。根据价值逻辑论，物质离不开自然一词本有的生成性及存在性的涵义。恰恰是在生成与存在的源始统一中，物质才成为物质界的主体。

物质自然在本源论上的和在存在论上的生成

在根本上，认识论的物质定义，并没有给出物质的规定性，而是对物质与其意识者的关系的信仰认定。这种从认识论上言说物质的不可能性，表明物质的内涵必须从其他方面被给出，必须从物质的意识者与其创造者的关系中重新考察物质自然的本性。在前面关于物理价值逻辑的源始性的探究中，我们指出：物理价值逻辑承受普遍价值的承诺的源始性，和相对其他价值逻辑相的源始性。作为物理价值逻辑的出场者，物质自然在本源论上由上帝的在下之言生成，同时在存在论上为人的意识生成。

物质自然体

根据基督教，物质自然的创生，根由于上帝之言，根由于上帝对其运动规律的设定。在上帝创世之后，物质自然最终成为人的管理对象，成为人的

---

24 列宁：《唯物主义和经验批判主义》，北京：人民出版社，1960 年，第 120-121 页。
25 坂田昌一、近藤洋逸编：《哲学 VI 自然的哲学》，东京：岩波书店，1971 年，第 160 页。

意识生成的对象。物质自然的在，"起初"由上帝生成，然后由人的意识生成。它被创造后外在于上帝而不是与上帝无关。它是上帝的自在永在的现实表达。另一方面，物质自然也外在于人的意识，同时作为意识的对象在人的意识中被意识生成。这种面向上帝和人的在，正好是物质自然的意义所在。

物质界

以上关于物质自然在的逻辑分析，展示了物质自然成为在者的原由，表明了它们与人的意识的相关性。于是，物理价值逻辑作为物质自然在的逻辑，主要内含：在本源论上物质自然被上帝创生的逻辑和在存在论上物质自然被人的意识生成的逻辑。物质自然在人的意识中被生成，因而它不是静态的、与人无关的客体，而是在人的意识中被构建的在者。无数个别的物质自然的在者，形成物质界。它为其他价值逻辑相的主体——自然生命、肉体生命、意识生命、文化生命、精神生命——的出场给与最广阔的空间。物质界是它们的舞台。

在性　在物质中在　在者

物质界中的物质自然体，呈现出在性。这种在性，即物质自然与上帝的相关性和与人的意识活动的相关性。上帝创造了物质自然，但不仅仅在其中；人意识到物质自然，但不仅仅以此为囿限。唯物论哲学就是这种囿限的结果。任何个别的物质自然体，作为在者的个别形式，它是对上帝和人的见证。人永远只能有关于在者的意识，不可能有关于在者之在的完全的把握。因为，作为全体在者之在，只有那给与它的承诺者本身才能完全理解。上帝选择宇宙的初始结构，"是因为某些我们无望理解的原因。这肯定是在一个全能造物主的力量之内"。[26]

第十节　物理价值逻辑的客观性

人类的先验普遍逻辑

上帝在源始性的意义上承诺物质自然的在。这种在，同时在人的意识中

---

26 史蒂芬·霍金：《时间简史》，许明贤、吴忠超译，长沙：湖南科技出版社，1995年，第118页。同时参见第126、129页。

被生成、持守。这便是物理价值逻辑的内涵。所谓普遍价值的源始承诺，主要指物理价值逻辑相对其他价值逻辑相而言，它在先承受了普遍价值的在下承诺。同样，人类认识论的历史表明：相对其他价值逻辑相的主体，物质自然作为人的意识对象也是最源始的。

物理价值逻辑的源始性和由此延伸出的对上帝及人的依赖，标示出它的客观性。当然，这种客观性，不是指物理价值逻辑与人的无关性。相反，如同我们就物理价值逻辑所阐释的那样，价值逻辑论正是从价值的给与者——人和逻辑的言说者——上帝两端开起物理价值逻辑。物理价值逻辑的客观性，指它相对人类的先验普遍性。它是人类的先验普遍逻辑。

物质自然的被意识性

物质自然在被上帝创造后，在人的意识中被生成着，但并不取决于人的意识活动。因为，人的意识在物质自然中意识到的，只不过是由上帝置入的在性、规律。这种在性，一旦被人揭示，它就相对所有的人——人类——有效。它是普遍的而不是个别的；是人类的而不是个人的；是先验的而不是经验的。上帝在物质自然中置入的在性，是普遍的而不是个别的。由物理价值逻辑所表达的在性，指在物质自然界中的最高统一原理。人的意识所揭示的自然规律的适用范围有大有小，因为任何规律都是相对普遍而不是绝对普遍的定律。相反，在一切物质自然体背后，的确启示了上帝言成世界的行为，启示了它们作为受造者的必然性。这种必然性，即"万有都是本于祂，依靠祂，归于祂"，[27]对所有的物质自然体有效。同样，物质自然被人的意识所意识，这也是物理价值逻辑作为价值的逻辑所开起的在性。物同人相关。这种相关的形式，体现在人作为身体而存在的方式上。身体是人的物质自然体。在人死后，身体成为纯粹的物质自然体，其化为尘土前即遗体。

物质自然的被意识性和受造性，是普遍价值对物理价值逻辑的在下承诺，是面对人类的而不是个人的承诺。对个别的怀疑论者，他可以拒绝相信物理价值逻辑的在性，但无法否认自己的身体及其中内含的生命的奥秘。作为一个有意识的人，他能够通过自己的意识认证物质自然的受造性而无能改变其受造的命运。一旦他的意识作用于物质自然，物质自然的被意识性就体现出来了。

27　《罗马书》11：36。

物理价值逻辑的客观性，还带有先验的而非经验的特点。先验与经验处于同一水平，甚至有时是经验的预先形式。物理价值逻辑的先验性，指物之理先于人类的经验而被给与。物之理，能够被人的经验、意识发现，却不能被人的意识创造、左右。它存在于经验之先。物理价值逻辑，是先于人的经验的、先验被承诺的产物。

人的自然性

物理价值逻辑的客观性在人身上，对象化为人的自然性。人不仅生存在外在的物质自然界中，而且他就带有物质自然体的一部分、带着他的身体在生活。人在自然中，他不仅仅是在同物质自然的交道中表明这一点，而且通过承受物质界包括自己的身体的普遍规律性的主宰体认自己同自然的血肉联系。人生于尘土又归于尘土，意识到物质自然的受造性而不得不顺服这种受造的命运。不过，这种人的自我的自然性，只是为人的其他方面的发展奠定了根基。如果仅仅停留于此，人就不如物质自然界中的物了。人的自然性，标明人与自然的相关性而不是它们的差别。在这个意义上，自然性不属于人性的范畴，它却为人性的生起给出了可能性。所以，人还必须追问物理价值逻辑之在的起源，追问人在外在于自己的物质界中和内在于自己的身体中如何逃出它们的限制。上帝创造世界，是为了让世界中的物质自然彰显自己的荣耀；上帝创造人，是为了让人在意识到物质自然界的受造性中意识到自己的受造性，进而转向祂，依靠祂，信仰祂。"人活着，不是单靠食物，乃是靠上帝口里所出的一切言。"[28]上帝之言在物质自然界中，就是那统御它们的物理价值逻辑；同时，在人类历史中，它是在黑暗中呼召人走向救赎的基督，是在纷纭变幻的历史事件背后的历史逻辑。

作为自然共同性之自我

物理价值逻辑的客观性，在物质自然界显明了上帝的存在和人作为自然之自我的被救赎的必然性。物质自然客观承受普遍价值的承诺，人类客观承受着终极差别对自身的差别性规定。在上帝与物质自然界之间，如果没有上帝的言成世界，物质自然就不可能诞生；在上帝与人类之间，如果没有上帝的言成肉身，人类不但没有物质自然界这个自己在的根基，而且没有摆脱外

---

28 《马太福音》4：4。

在自然与内在身体围限而得救的希望。如果没有上帝之言，世界必然是虚无，更不必说人的存在了。

第十一节 物理价值逻辑的意义

普遍差别的内涵

同一性的上帝借着差别性的三位格，自我分身凸现为三位一体的上帝。上帝能够给与终极差别以差别性，因为作为给与者的上帝本身就是差别性之在。终极差别的终极性，源于其承诺者、给与者的终极性。上帝的自在永在，保证了其终极性之在的依据，祂承诺一切而不被承诺，祂给与一切而不被给予，祂创造一切而不被创造。

由三位一体的上帝承诺的终极差别，一方面是因为其来源性的保证，另一方面还在于这种终极差别通过普遍价值的设定建立起来的关于世界的价值逻辑序列。终极差别在本源论上是上帝的自我差别，在存在论上是相对普遍价值的终极性差别。或者说，在普遍价值与个别的价值逻辑相之间，是终极差别保证了普遍价值对后者的普遍性及不可替代性。

根据价值逻辑论，价值是人承诺的差别规定性。这样，普遍价值便是人给出的普遍差别。在世界之中，人与上帝的差别或称作承受者与承诺者的差别，正是普遍差别的内容。那么，人所给出的普遍差别，实际上是人从上帝那里承受的人作为人、上帝作为上帝的差别。因为人这个被创造者不是创造者，因而必然差别于创造者。其间的差别性，即人的有限性，人受制于创造者的限制。有限的人与无限的上帝之间的差别对人言，是与生俱来的命运；对上帝言，是上帝的爱的表达。因此，普遍差别所延伸出来的普遍价值的普遍性，当然不由个别的人做出承诺，而是由持守终极差别的上帝本身规定。

普遍价值面向什么显明自己的价值普遍性呢？这个终极差别的承受者，不可能在面对承诺终极差别的承诺者——上帝——中显明自己的普遍性。因为，上帝除了承诺世界的普遍价值外，还承诺了世界的普遍时间；在对终极信仰的承诺外，上帝还承诺了终极差别。普遍价值，仅仅是承受上帝的一种形式。所以，只有上帝相对普遍价值的普遍性，没有普遍价值相对上帝的普遍性。

从以上关于普遍价值获得普遍性的方式的分析中，我们明白了承诺者相对承受者的普遍性的原理。上帝承诺普遍价值，因而是普遍价值的普遍性的承诺者。同样，普遍价值是个别价值逻辑相的承诺者，于是普遍价值相对个别价值逻辑相才是普遍的价值。正是在个别价值逻辑相中，我们才能开启普遍价值的普遍性。

普遍价值在下承诺个别价值逻辑相，在价值逻辑序列中建立世界的逻辑图景。物理价值逻辑这种价值逻辑序列中最源始性的逻辑相，其意义内含在它的规定性中——物理价值逻辑在人的心理意识中被生成。物质自然在的时空性，只是在为其他个别价值逻辑相的主体提供根基的情况下才有意义。按照我们以前关于时间历史序列的分析，在物理时间外是生命时间。相应地，在物理价值逻辑外是生命价值逻辑。因为，什么样的价值逻辑相，对应于什么样的时间相。

物理价值逻辑的主观性

生命尽管受制于物理价值逻辑的限制，但生命已经将物质自然的在本性转化为生长本能。生命物质被放于适当的环境，其总量会迅速增长。[29]生命的自我繁殖机能，虽然在终极意义上无法完全打破物理价值逻辑的制约，但在有限的生命时间内生命开始了自治。这种自治的自然生命体，使作为其根基的物理价值逻辑具有主观化的特点。

物理价值逻辑的意义，在于为生命价值逻辑及其他个别价值逻辑相给出根基。这不是说，主观化的自然生命体，就是来自于物理价值逻辑的创造。个别价值逻辑相的个别性，规定了它们的承受性，它们一同承受普遍价值的在下承诺，而无能相互承诺。

人类关于物理世界共同性的规定

物理价值逻辑所内含的面向人而在的意义，标明物质自然体如何通过自然生命体、肉体生命体最终成为人的有机部分的历程。物质自然的在，根植于其他个别价值逻辑相之中，在那里实践普遍价值在上的永恒呼唤。物理价值逻辑这种人类关于物理世界的普遍逻辑，其先验的普遍性才得以昭示。物理价值逻辑对人类全体有效。

---

29 罗素：《人类知识的范围和界限》，张金言译，北京：商务印书馆，1983 年，第 42 页。

第十二节 物理学

关于自然现象的逻辑图式

"本来，物理学是在量上研究物质的结构及其运动法则的自然科学。"[30]这里所说的"在量上"，意味着物质的结构及其运动法则可以通过数学方程式来表达。

在前面对自然概念的古希腊文涵义的考察中，我们明白了自然的双重规定性：生成与存在。由于物质概念所有的实在性，一般将物理学的对象限定为物质而不是自然。但是，在价值逻辑论中，物质与自然，关联为物质自然或作为实体性的物质自然体。这样，物理学的对象，即物质自然体的结构及其运动规律。当物质自然体为宇宙时，物理学在宏观意义上被表述为宇宙物理学；当以基本粒子为物质自然体时，物理学在微观意义上被表述为粒子物理学。物理学是人类关于自然现象的逻辑图式。

价值逻辑论，并不想代替作为自然科学的物理学的使命，相反，它将物理学的使命归还科学本身，而只对物理学的起源及其对象作根本性的探究。

"迄今，大部分科学家太忙于发展描述宇宙为何物的理论，以至于没工夫去过问为什么的问题。"[31]同样，大部分物理学家在忙于探究物之理的时候，却忘记了对物之理起源的探究，忘记了对物理学的起源作说明。

物理学的起源

物理学作为自然科学的一部分，其成立取决于物理价值逻辑的自觉。价值逻辑论的言说，包括来自人的价值性言说和来自上帝的逻辑性言说。从价值论方面，人能够最终发现把广义相对论、狭义相对论、量子力学三者统一起来的大统一理论。但是，这种大统一理论本身的神圣性，由谁来承诺？人关于物质自然体的统一性言明，难道还能够借助人的努力——经验实证——来检验吗？

大统一理论的典型对象为宇宙创生。人类无法依靠粒子加速器所发出的能量来验证大统一理论所需要的能量。"大统一能量的数值还知道得不太清楚，可能至少有 1 千万亿吉电子伏特。而目前粒子加速器只能使大致能量为

---

30 坂田昌一、近藤洋逸编：《哲学 VI 自然的哲学》，第 272 页。

31 史蒂芬·霍金：《时间简史》，许明贤、吴忠超译，长沙：湖南科技出版社，1995年，第 156 页。

100吉电子伏的粒子相碰撞，计划建造的机器的能量为几千吉电子伏。要建造足以将粒子加速到大统一能量的机器，其体积必须和太阳系一样大——这在现代经济环境下不太可能做到。因此，不可能在实验室里直接证实大统一理论。"[32]既然经验实证证实的，是人的能力的有限性，那么，大统一理论的普遍性只能在人之外的地方寻找。

价值逻辑论的逻辑言说，为大统一理论的最终建立给出了保证。物质自然的受造性和被意识性，是物理学能够诞生的原由。由于物质自然的受造性，使受造的物质自然本身的运动规则及其结构形式获得终极的承诺；由于物质自然离不开人的意识，人能够意识到上帝在物质自然界中所设定的普遍秩序。这种由物理学建立起来的关于自然现象的逻辑图式，由人的意识和上帝的选择构成。人所意识到的，无非是上帝注入在物质自然界中的普遍规律或普遍逻辑。

人类与自然的关系

物理学探究人类与自然的关系，也可以叫作人类与它的关系。任何个别的物理学定律，一旦出现在人的意识里并被数学方程完备地表达出来，它就属于人类，属于过去、现在、未来在历史上存在的每个人。它对一切个人有效而不仅仅对其意识者有效。上帝创造自然，目的是为了显明自己的存在，且让物质自然界为人的存在给出根基。另一方面，人又对物质自然界中的个别在者加以意识，从而在发现物质的统一性中发现人自己被创造的统一性——一个统一性的上帝的存在。

物理学的科学性

由上帝的言成世界给出的物理学的对象和由人类的意识发现的物理学对象的普遍逻辑本身表明物理学作为科学的条件：逻辑实证与经验实证。

逻辑实证，要求物理学中的任何定律、理论必须以数学方程式来精确地表达；经验实证，认为物理学中的任何理论、定律要以实验的、观察的结果为根据。维持根斯坦用逻辑陈述与事实陈述来概括科学（物理学）的语言性质。不过，"科学知识的对象决不是通过观察和实验去直接认识的，而只有

---

32 史蒂芬·霍金：《时间简史》，许明贤、吴忠超译，长沙：湖南科技出版社，1995年，第77页。

通过思辨地提出的理论结构或公理假设才能认识的，这些理论结构或公理假设只有通过由它推演出来的结论间接地在实验上加以检验。因此，为了探知科学知识的对象，我们必须走向它的理论假设"。[33]

经验实证，要求物理学的对象为实在性的在者。这种在者或者是存在着的，或者借助科学仪器可以再造出来。对那些非实在性的对象，经验实证将无能为力。然而，物理学所赖以成立的许多基本概念，却永远是人的意识的产物而不是一种实在性的在者。经验能实证"力"的现象，却无能证实力本身的在。

经验实证的普遍有效性，基于科学中的归纳逻辑。这种逻辑作为科学方法可能出现的错误，早已被休谟意识到。休谟声称：没有什么正确的逻辑能确证我们未经验过的事例类似于我们经验过的事例，"即使观察到对象时常或经常连结之后，我们也没有理由对我们不曾经验过的对象做出任何推论"。（《人性论》第6节）[34]而任何实验，都是根据实验者的需要、观点、问题设计出来的，其有效性仅仅限于实验者选定的范围。"科学奋进的历史表明，如果我们希望达到准确的、包罗广泛的和得到良好证实的普遍规律，我们就不能不超越直接观察的水平。我们的经验能直接到达的现象不是被适用范围广且非常严格的普遍规律联系着的。要表述这类高级的规律，理论构想是必需的。"[35]况且，物理学的实验多为理想实验。在物质自然界中，人无能找到正好适合于实验者要求的实验对象。并且，大统一理论所需要的能量按照现在的推想是不可能的，这样，经验实证的物理学尺度只能由逻辑实证所取代。

逻辑实证并不完全排除经验实证的有效性，而是把它限制在一定的范围内。逻辑实证由数学方程式所表达出的简单性规则，在根本上属于人的信仰对象。人相信：越是宇宙创生的早期，宇宙的结构越简单，其数学表达式也呈现出简单性的美学原则。假如没有三一上帝的差别性与同一性所内含的源初的简单性原理，逻辑实证暗含的简单性逻辑原则将无从得以承诺。因此，正是言成世界的言说者本身，承诺了大统一理论的最后根据。物理学家最多只能意识到这种理论的方程式表达。

---

33 W. 海森伯：《物理学和哲学》，范岱年译，北京：商务印书馆，1981年，第143页。着重号为引者加。

34 转引自卡尔·波普尔：《猜想与反驳》，傅季重、纪树立、周昌忠等译，上海：上海译文出版社，1986年，第60页。

35 洪谦主编：《逻辑经验主义》，上卷，北京：商务印书馆，1982年，第120-121页。

物理学起源于物理价值逻辑。物质自然的受造性所带出的上帝的存在，是物理学追寻物质界的统一原理的保证；物质自然的被意识性，将物理学的对象纳入人的意识对象，使人在意识到物质自然的在中意识到自己存在的受造性，进而转向信仰一个将差别性与同一性统一起来的上帝。

人的物理价值

物理学是人关于自然现象的逻辑图式。它向人类最终展示了物质自然的创生、演化及其内在结构的形成过程。作为人的物理价值的体现者，物理学仅仅能够回答物质自然是什么的问题，至于物质自然为什么会这样而不是以其他的方式被创生，以及人为什么能意识到物质自然的在，这却属于价值逻辑论的研究对象，属于有生命的人和创造生命的上帝的对象。

人类关于物质现象的知识论

物理学，是人类关于物质现象的差别性及同一性的知识体系。发现这种知识体系，并不值得人类骄傲，因为人类仅仅发现了它。但值得人类自豪的是：通过发现物质现象的统一性原理，人类发现了创造自己的那一位——自在永在的上帝。